Stefan Klingberg · Michael Mayenberger ·
Gabriele Blaumann

Schizophren?

Stefan Klingberg · Michael Mayenberger ·
Gabriele Blaumann

Schizophren?

Orientierung für
Betroffene und Angehörige

BELTZ*PVU*

Anschrift der Autoren:
Dr. Stefan Klingberg, Dipl.-Psych.
Dr. med. Michael Mayenberg,
Dipl.-Psych. Gabriele Blaumann
Universitätsklinik für Psychiatrie und Psychotherapie
Osianderstraße 24
D-72076 Tübingen

1. Auflage 2005

© Beltz Verlag, Weinheim, Basel 2005
Programm PVU Psychologie Verlags Union
http://www.beltz.de

Lektorat: Monika Radecki
Herstellung: Uta Euler
Illustrationen: Christian Bob Born, Freiburg
Umschlaggestaltung: Federico Luci, Odenthal
Umschlagbild: Picture Press, Hamburg
Satz: WMTP, Birkenau
Druck und Bindung: Druckhaus „Thomas Müntzer", Bad Langensalza

Printed in Germany

ISBN 3-621-27570-3

Inhalt

Hinweis auf Arbeitsblätter im Anhang

▌ Gebrauchsanweisung

1.1   Gebrauchsanweisung für Betroffene

Wenn Sie dieses Buch aufgeschlagen haben und diesen Abschnitt lesen, haben Sie bereits einen sehr wichtigen Schritt getan: Sie haben begonnen, sich mit Ihrer Erkrankung zu beschäftigen, und Sie bringen die Offenheit mit, mehr darüber zu erfahren. Wir möchten Sie ermutigen, auf diesem Weg weiterzugehen. In diesem Buch wird es darum gehen, was Sie tun können, um Ihre Erkrankung zu bewältigen. Auf dem Weg, den Sie mit dem Aufschlagen des Buchs begonnen haben, möchten wir Sie ein Stück begleiten.

> **▐** Übernehmen Sie für Ihr Leben und für Ihren Umgang mit der Erkrankung die Verantwortung.

Sie sind für Ihr Leben und Ihren Umgang mit der Erkrankung verantwortlich. Auf dieser Grundlage haben wir dieses Buch geschrieben. Niemand kann Ihnen die Entscheidung abnehmen, etwas von dem zu tun, was hier steht. Zur Unterstützung Ihrer Entscheidung wollen wir Ihnen Informationen anbieten und Stellung beziehen. Wir hoffen, dass Sie von den Anregungen in diesem Buch profitieren können. Wir selbst sind davon überzeugt, dass die Themen, die wir ansprechen, wichtig sind und dass die Handlungsvorschläge, die wir geben, zur Bewältigung Ihrer Erkrankung beitragen können.

Vermutlich ist es Ihnen schwer gefallen, dieses Buch in die Hand zu nehmen. Die meisten Betroffenen, die wir kennen gelernt haben, haben die Auseinandersetzung mit der Erkrankung als einen schwierigen, oft auch schmerzhaften Prozess erlebt, den sie lieber hätten vermeiden wollen. Das ist sehr verständlich. Niemand setzt sich „freiwillig" mit einer ernsten Erkrankung auseinander. Dennoch ist es richtig und wichtig, dass Sie sich hin und wieder Zeit nehmen, sich über die Art der Erlebnisse und Probleme, die im Zusammenhang mit Ihrer Erkrankung aufgetreten sind, Klarheit zu verschaffen, und dass Sie Wege suchen, eine dauerhafte Stabilisierung zu erreichen.

! Das wichtigste Ziel, das wir mit Ihnen zusammen verfolgen wollen, ist die dauerhafte Stabilisierung.

Nach einer psychotischen Episode (wir werden uns später genauer damit beschäftigen, was damit gemeint ist) wieder in den Alltag zurückzufinden ist eine Herausforderung. Meistens kann dieses Ziel nur erreicht werden, wenn Sie selbst, Ihre Angehörigen (sofern Sie Angehörige haben) und das für Sie zuständige Behandlungsteam an einem Strang ziehen.

! Dieses Buch ist ein Arbeitsbuch. Es soll Sie bei Ihrer Auseinandersetzung mit der Erkrankung unterstützen und Ihnen aufzeigen, was Sie für die Bewältigung der Erkrankung selbst tun können.

Sie finden im Anhang einige Arbeitsmaterialien, die Sie mit Hilfe des Textes, aber auch mit Hilfe Ihrer Angehörigen und evtl. mit Hilfe Ihres Arztes oder Ihres Psychotherapeuten bearbeiten können. Sie werden feststellen, dass die Sichtweise von Angehörigen immer wieder direkt angesprochen wird, da auch Ihre Angehörigen von Ihrer Erkrankung mitbetroffen sind.

Die Umsetzung unserer Vorschläge benötigt oft Zeit und Übung. Nehmen Sie das Buch bei Bedarf immer wieder zur

Hand, und lesen Sie die entsprechenden Abschnitte erneut. Wir gehen nicht davon aus, dass Sie dieses Buch an einem Stück von vorn nach hinten durchlesen. Wenn Sie die Vorschläge in diesem Buch gut finden, allein aber nicht damit klarkommen, dann sehen Sie darin bitte keine persönliche Niederlage, sondern holen Sie sich Unterstützung. Wir haben uns bemüht, die Abschnitte so zu schreiben, dass sie auch einzeln verständlich sind. Allerdings baut manches aufeinander auf.

▶ Die ersten Kapitel (Kap. 2 und 3) betreffen vor allem das Verständnis psychotischer Erkrankungen. Falls Sie sich fragen, ob bei Ihnen überhaupt eine solche Erkrankung vorliegt, sollten Sie hier beginnen.

▶ Im Anschluss daran beschreiben wir unser Grundverständnis der Behandlung (Kap. 4 und 5). Wenn Sie sich fragen, ob eine Behandlung bei Ihnen überhaupt sinnvoll ist, beginnen Sie hier.

▶ Die aktive Bewältigung der Erkrankung setzt eine erhöhte Achtsamkeit im Umgang mit sich selbst voraus. Das ist für uns eine der wesentlichen Botschaften, die wir Ihnen vermitteln wollen. Darauf bauen dann die Strategien für die Bewältigung von Alltagsbelastungen, Krisen und Krankheitssymptomen auf (Kap. 6, 7 und 8).

Bevor Sie jetzt weiterlesen, entscheiden Sie bitte, ob Sie sich auf den Weg machen wollen. Wir würden uns freuen, wenn Sie sich dazu entschließen.

1.2   Gebrauchsanweisung für Angehörige

Psychotische Erkrankungen sind nicht nur für die Betroffenen, sondern auch für die Angehörigen eine Belastung. Sie sind als Angehöriger durch diese Erkrankungen mitbetroffen. Sie haben im Vorfeld der Erkrankung und/oder während der akuten Erkrankungsphase erlebt, dass sich Ihr Angehöriger verändert hat, Ihnen fremd wurde, vielleicht auch bedrohlich erschien. Möglicherweise war im Umgang mit Ihrem erkrankten Angehörigen nichts mehr selbstverständlich. In den Kapiteln 2 und 3 finden Sie Fallbeispiele und Beschreibungen von Krankheitssymptomen, die Ihnen helfen sollen einzuordnen, was bei Ihrem Angehörigen geschehen ist.

Vielleicht sind Sie im Zusammenhang mit der Erkrankung von Schuldgefühlen geplagt und fragen sich, ob Sie für die Erkrankung mitverantwortlich sind. Wir möchten Sie daher in Kapitel 4 darüber informieren, wie der Erkenntnisstand zu Ursachen psychotischer Erkrankungen ist.

! Die Hauptbotschaft wird sein: Nein, Sie sind nicht schuld an der Erkrankung Ihres Angehörigen.

Zu den Ursachen der Krankheit ist jedoch mehr zu sagen, und wir möchten Sie einladen, dies nachzulesen. Vermutlich haben Sie sich oft gefragt, wie Sie mit Ihrem erkrankten Familienmitglied umgehen sollen. Hierzu gibt es keine einfachen Antworten. In Kapitel 5 versuchen wir, dazu einiges Grundsätzliche zu sagen. So, wie sich die Betroffenen mit ihrer Erkrankung in einem längeren Prozess auseinander setzen müssen, so sollten sich unserer Meinung nach Angehörige und Betroffene so weit wie möglich gemeinsam darüber verständigen, wie sie das Zusammenleben neu gestalten möchten. Meistens gibt es nicht „Richtig" oder „Falsch". Wenn Angehörige und Betroffene eine neue Verständigung beginnen, gibt es häufig Klärungsbedarf zu folgenden Fragen:

▶ Wie sieht eine angemessene Behandlung aus (Kap. 5)?
▶ Wie können Angehörige in Krisen helfen (Kap. 6)?
▶ Wie soll das alltägliche Zusammenleben in der Familie aussehen (Kap. 7 und 8)?
▶ Was ist zu tun, wenn erneut Symptome der Erkrankung auftreten (Kap. 6 und 9)?

Auf diese und ähnliche Fragen werden wir eingehen. Wir würden uns wünschen, dass es dann nicht beim Lesen bleibt, sondern dass Sie hier Anregungen zum Gespräch mit Ihrem erkrankten Angehörigen finden.

> **!** Besonders wichtig ist auch der Austausch mit anderen Angehörigen, in deren Familien eine ähnliche Erkrankung aufgetreten ist.

Wir möchten Sie ermutigen, Anschluss an eine Angehörigengruppe zu suchen und Fragen, die in diesem Buch nicht ausreichend angesprochen werden konnten, dort zu vertiefen. Möglicherweise haben Sie sich im Zusammenhang mit der Erkrankung Ihres Familienmitglieds zurückgezogen und nehmen immer weniger am sozialen Leben teil. Dies ist einerseits verständlich, kann aber andererseits in die soziale Isolation und zu einer eigenen psychischen Beeinträchtigung führen. Angehörigengruppen können hier eine wichtige Hilfe sein (s. Kap. 8.2 und 10.2).

Sie sind – ebenso wie der Betroffene – gefordert, die Erkrankung aktiv zu bewältigen. Wir hoffen, dass Sie in diesem Buch Anregungen, Entlastung und Ermutigung finden.

1.3 Gebrauchsanweisung für Therapeuten

Dieses Arbeitsbuch für Betroffene und Angehörige ist direkt bezogen auf das Behandlungsmanual: „Rezidivprophylaxe bei schizophrenen Störungen" von Klingberg, Schaub und Conradt (Weinheim: BeltzPVU). Die Informationen und Arbeitsanregungen sind weitgehend inhaltsgleich. Daher eignet sich das Buch als begleitende Lektüre während einer solchen psychotherapeutischen Behandlung. Es ist allerdings so geschrieben, dass es auch für sich, d.h. ohne begleitende Therapie, für Patienten und Angehörige hilfreich sein kann.

1.4 Über die Autoren

Im Folgenden möchten wir Ihnen einige Informationen über uns geben und Ihnen erläutern, was uns veranlasst hat, dieses Buch zu schreiben.

Stefan Klingberg. Ich bin seit mehr als zehn Berufsjahren in der stationären und ambulanten Behandlung von Menschen mit schweren psychischen Erkrankungen tätig. Gegenwärtig arbeite ich als Hochschuldozent und leitender Diplom-Psychologe an der Universitätsklinik für Psychiatrie und Psychotherapie Tübingen. Als Psychologischer Psychotherapeut und Supervisor hat mich besonders die Frage beschäftigt, wie (gerade bei schweren Erkrankungen) die Behandlung durch psychotherapeutische Methoden verbessert werden kann. Dazu greife ich auf meine Berufserfahrung und auf Weiterbildungen in kognitiver Verhaltenstherapie und klientenzentrierter Gesprächspsychotherapie zurück. Ich bin verheiratet und Vater von zwei Kindern.

Michael Mayenberger. Seit 1998 arbeite ich als Arzt an der Universitätsklinik für Psychiatrie und Psychotherapie Tübingen. Mein Studium sowie die Weiterbildungen in kognitiver Verhaltenstherapie und Tiefenpsychologie absolvierte ich in Stuttgart, Ulm und Tübingen. Neben meinem Interesse für Lehrtätigkeiten und sozialpsychiatrische Aufgaben gilt meine Vorliebe der Psychotherapie. Meine vielfältigen Erfahrungen mit schizophrenen Patienten und ihren Angehörigen haben mir deren Not sehr nahe gebracht. Es ist mir deshalb ein Anliegen, weitere Möglichkeiten in der Behandlung von Menschen mit schizophrenen Psychosen zu finden. Auch gilt mein Interesse der Früherkennung und -behandlung der Schizophrenie. Ich bin 1969 in Ravensburg geboren, Vater von drei Kindern und lebe in Tübingen.

Gabriele Blaumann. Seit 1996 arbeite ich als Diplom-Psychologin an der Universitätsklinik für Psychiatrie und Psychotherapie Tübingen. Ich habe eine Ausbildung zur kognitiven Verhaltenstherapeutin absolviert und war im stationären und ambulanten Bereich in der Behandlung schizophrener Patienten und deren Angehöriger tätig. Die Arbeit hat mir, trotz der Schwere der Erkrankung, stets Spaß gemacht, aber auch Grenzen des therapeutischen Handelns aufgezeigt. Ich habe mehrere Jahre in Forschungsprojekten zu Ängsten, Depressionen und Schizophrenie gearbeitet. Ich bin Mutter von zwei Kindern und lebe in Tübingen.

Neben meiner beruflichen Tätigkeit mit schizophrenen Patienten bin ich auch gleichzeitig Angehörige. Eines meiner Kinder ist selbst an einer Schizophrenie erkrankt. Trotz meiner langjährigen Erfahrung hatte ich keine Möglichkeit, den Ausbruch der Erkrankung zu verhindern. Die mit der Erkrankung verbundenen Gefühle und Erfahrungen sind mir deshalb vertraut und haben sicherlich einen Einfluss auf meine Zusammenarbeit mit Angehörigen.

Uns Autoren verbindet die intensive Beschäftigung damit, die Therapiemöglichkeiten für Menschen mit schizophrenen Erkrankungen zu optimieren. Zusammengeführt hat uns die Tätigkeit in einem Forschungsprojekt zur Verbesserung der Psychotherapie bei neu aufgetretenen psychotischen Erkrankungen. Aus dem gegenwärtigen Wissen um die Erkrankung, aus internationalen Erkenntnissen über die Erfordernisse einer guten Behandlung und auf der Basis unserer Berufs- und Lebenserfahrung haben wir Behandlungsstrategien erarbeitet, die wir in wissenschaftlichen Studien überprüfen.

Zwei Hinweise. Wir verwenden im nachfolgenden Text ausschließlich die männliche Form, wenn wir von Betroffenen, Angehörigen, Freunden oder Therapeuten sprechen. Dies dient der leichten Lesbarkeit des Textes. In jedem Fall sind Patientinnen, Mütter, Schwestern, Freundinnen und Therapeutinnen selbstverständlich in gleicher Weise gemeint und angesprochen.

Diese Publikation wurde im Rahmen des Kompetenznetzes Schizophrenie erstellt und vom Bundesministerium für Bildung und Forschung (BMBF) gefördert (Kennzeichen 01619932 − 2223).

2 Außergewöhnliche Erfahrung oder Psychose?

Welche Erlebnisse berichten Menschen, die an einer psychotischen Erkrankung leiden? Welche Erfahrungen machen die Angehörigen dieser Betroffenen? Diese Fragen möchten wir an den Anfang des Buches stellen.

Möglicherweise zweifeln Sie als *Betroffener* daran, dass bei Ihnen eine solche psychische Erkrankung vorliegt. Dann schlagen wir Ihnen vor, die nächsten Seiten durchzulesen und zu überlegen, was davon bei Ihnen zutrifft. Wir werden dann später darauf zu sprechen kommen, inwieweit die hier beschriebenen Erlebnisse Ausdruck einer psychischen Erkrankung sein können und wie diese Erkrankung bezeichnet wird.

Als *Angehöriger* haben Sie vermutlich viele Verhaltensweisen bei Ihrem erkrankten Familienmitglied erlebt, die Sie zunächst nicht recht einordnen konnten. Meist stehen solche Verhaltensweisen im Zusammenhang mit Symptomen der Erkrankung. Bei der folgenden Beschreibung haben wir versucht, die Erlebnisse von Betroffenen den Erfahrungen von Angehörigen gegenüberzustellen. Dabei beziehen wir uns in diesem Kapitel zunächst auf die akute Phase der Erkrankung, in der die Veränderungen und Symptome am stärksten ausgeprägt sind. In Kapitel 3 finden Sie Ausführungen über den langfristigen Verlauf dieser Erkrankung.

Fremdbeeinflussungserlebnisse. Betroffene berichten oft von der Erfahrung, dass ihr Empfinden, ihre Gedanken und Handlungen von außen beeinflusst, kontrolliert oder gesteuert werden. Sie sagen zum Beispiel: „Andere Personen können meine Gedanken lesen." „Was ich denke, ist nicht von mir, sondern wird von außen gesteuert." „Ich muss manchmal Dinge tun, die ich nicht tun will." „Meine Handlungen werden von anderen Personen/Mächten beeinflusst."

Für Angehörige sind die dadurch eintretenden Veränderungen des Betroffenen zunächst unverständlich und befremdlich. Als Angehöriger können Sie ja zunächst nicht wissen, was beim Betroffenen vor sich geht. Sie bemerken jedoch eine deutliche Veränderung: „Er benimmt sich oft so seltsam, wir erkennen ihn gar nicht wieder." „Sie sagt gar nichts mehr." „Manchmal schaut er, als hätten wir ihm etwas angetan."

Ungewöhnliche Sinneswahrnehmungen. Betroffene berichten oft von angstauslösenden, beeinträchtigenden oder ungewöhnlichen Erfahrungen. Oft meinen sie damit das Hören von Stimmen oder Geräuschen, seltener auch das Sehen, Riechen, Schmecken oder Fühlen von bestimmten Dingen: „Ich kann Geräusche, Stimmen oder Gespräche hören, obwohl ich allein in einem ruhigen Zimmer bin. Andere Personen sagen, sie würden nichts hören. Ich bin mir aber sicher." „In manchen Räumen riecht es schlecht, wie nach giftigen Gasen."

! Von einer **Halluzination** wird dann gesprochen, wenn Sinneswahrnehmungen nicht auf einer äußeren Reizquelle beruhen. Man hört etwas, ohne dass ein Geräusch gemacht wurde. Man sieht etwas an einer weißen Wand. Dass es so etwas wie Halluzinationen gibt, kann zutiefst beunruhigend sein. Es gibt Zustände, in denen wir uns der Realität nicht mehr sicher sein können, in denen wir nicht mehr zuverlässig unterscheiden können, was außen und was innen ist, was objektiver Reiz und was unsere „Einbildung" ist.

Halluzinationen sind für Angehörige in der Regel zunächst nicht als solche zu erkennen. Sie erleben z.B., dass der Betroffene abwesend und unkonzentriert wirkt. Bei stark ausgeprägtem halluzinatorischem Erleben berichten Angehörige z.B.: „Manchmal unterbricht er das Gespräch und dreht sich weg, als ob er etwas gehört hätte." „Sie schaut sich im Zimmer um, als würde sie etwas suchen."

Häufig entstehen hier Konflikte zwischen Betroffenen und Angehörigen: Der Betroffene geht selbstverständlich davon aus, dass seine Wahrnehmungen „richtig" sind. Sie sind aber nur für ihn allein real. Für alle anderen sind sie nicht vorhanden. Die Angehörigen wissen deshalb gar nicht, wovon der Betroffene spricht und warum er sich manchmal so seltsam verhält. So kommt es schnell zu Streitigkeiten.

Überzeugungen von ungewöhnlichen Sachverhalten. Betroffene berichten oft von Überzeugungen, die sie mit großer Gewissheit vertreten und die ungewöhnliche oder beängstigende Inhalte haben: „Ich bin Opfer einer ungerechtfertigten Verfolgung. Ich weiß, dass es Personen gibt, die es auf mich abgesehen haben und mich nicht in Ruhe lassen." „Ich habe außergewöhnliche Fähigkeiten, die mich von anderen Personen unterscheiden." „Ich bin für das Glück aller Menschen auf diesem Planeten verantwortlich." „Ich stehe mit besonderen Mächten oder Personen in enger Beziehung."

> **!** Als **Wahn** werden solche Überzeugungen bezeichnet, die nicht auf Tatsachen beruhen, an denen aber festgehalten wird. Betroffene berichten nicht selten nach einer erfolgten Stabilisierung, dass sie sich in manche Überzeugungen „hineingesteigert" haben und nicht mehr gut darauf achten konnten, was von diesen Überzeugungen nun wirklich der Realität entspricht.

Ob Überzeugungen tatsächlich wahnhaften Charakter haben, hängt vor allem davon ab, wie gut jemand in der Lage ist, verschiedene Beobachtungen und Meinungen zusammenzutragen und dann Überzeugungen zu korrigieren, wenn sie offensichtlich nicht gerechtfertigt sind. Wird jedoch trotz gegenteiliger Hinweise mit großer Gewissheit und ohne Berücksichtigung anderer Sichtweisen an einer Überzeugung festgehalten, kann man von Wahn sprechen. Oft entstehen diese Überzeugungen als Folge ungewöhnlicher Sinneswahrnehmungen, wie im obigen Beispiel: „In manchen Räumen riecht es verdächtig. Ich soll dort wohl vergiftet werden." Wahnhafte Überzeugungen eines Betroffenen sind ein großes Problem für die Angehörigen. Sie können diese Überzeugungen in keiner Weise nachvollziehen, fühlen sich verletzt und missverstanden, teilweise sogar bedroht: „Er macht uns oft Vorwürfe und verlangt, in Ruhe gelassen zu werden." „Manchmal wird er sogar extrem aggressiv, das macht uns dann richtig Angst." „Er ist oft ganz abwesend, dann wieder herablassend und tut ganz ungewöhnliche Dinge." „Oft bildet er sich ein, etwas Besonderes zu sein." „Wir verstehen ihn nicht mehr."

Veränderungen des Denkablaufs. Die Art und Weise des Denkens kann sich im Zusammenhang mit der akuten Phase der Erkrankung verändern. Betroffene berichten häufig von Unterbrechungen im Ablauf der Gedanken und von Konzentrationsschwierigkeiten: „Manchmal kann ich einen Gedanken nicht zu Ende denken." „Manchmal springe ich von einem Thema zum nächsten." „Ich kann mich manchmal nicht lange konzentrieren." „Ich habe zu viele Gedanken gleichzeitig im Kopf."

Im alltäglichen Zusammenleben ist diese Veränderung oft unübersehbar. Die Angehörigen berichten z.b.: „Man kann kein längeres zusammenhängendes Gespräch mehr mit ihm führen." „Sie hört gar nicht mehr richtig zu." „Er hat Tomaten auf den Ohren." „Alles geht durcheinander in seinen Gedanken." „Ihre Aufgaben kann sie nicht mehr erledigen, sie unterbricht immer und kommt nicht zum Ende."

Veränderungen des Antriebs. Btroffene erleben sehr häufig, dass sie sich schwer aufraffen können, den Tag wie geplant zu beginnen und Aufgaben in Angriff zu nehmen. Das kann so weit gehen, dass ganze Tage im Bett verbracht werden, ohne dass daraus das Interesse erwächst, wieder aktiver zu werden. Einige Beispiele: „Morgens aus dem Bett zu kommen fällt mir sehr schwer. Meist bleibe ich dann einfach liegen." „Manche meiner Aufgaben kann ich nicht bewältigen." „Manchmal habe ich keine Lust, mich zu waschen." „Am Kontakt zu anderen Menschen habe ich das Interesse etwas verloren." Den Betroffenen scheinen viele Dinge nicht mehr so wichtig zu sein wie vor der Erkrankung.

Für die Angehörigen erwächst aus diesen Veränderungen eine große Belastung. Ihr erkranktes Familienmitglied vernachlässigt seine Aufgaben im Haushalt, wirkt manchmal ungepflegt, geht keiner regelmäßigen Tätigkeit nach und „hängt ziellos zu Hause herum". Einige Zitate von Angehörigen: „Ihre Arbeit scheint ihr egal zu sein." „Sein Zimmer ist total unordentlich. An der Hausarbeit beteiligt er sich gar nicht mehr." „Mit ihr in der Öffentlichkeit gesehen zu werden ist peinlich." „Er zieht sich nur noch in sein Zimmer zurück."

! Während Betroffene häufig berichten, dass sie nichts mehr tun können, weil ihnen der Schwung dazu fehle, erleben Angehörige die Situation häufig als „Nichtwollen". Daraus kann eine Vielzahl von Konflikten erwachsen.

Veränderung der Gefühle. Betroffene erleben im Zusammenhang mit einer psychotischen Episode häufig eine deutliche Veränderung ihrer Gefühle. Gefühle, die sie bis dahin kaum gekannt haben, treten häufig auf. Andere Gefühle fehlen auf einmal. Manchmal passt das Gefühlserleben nicht zu den erlebten Situationen. Nicht selten treten Suizidgedanken auf. Einige Beispiele: „Ich bin häufiger ängstlich, aber auch häufiger aggressiv." „Manchmal fühle ich gar nichts mehr." „Meine Gefühle sind manchmal ganz anders, als es der Situation entspricht." „Ich bin häufiger als früher bedrückt." „Häufig bin ich gereizt." „Gelegentlich denke ich daran, mich umzubringen."

Angehörige erleben dabei, dass sie sich mit ihrem Familienmitglied nicht mehr auskennen. Die Persönlichkeit scheint sich verändert zu haben. Sie berichten: „Sie traut sich nichts mehr zu." „Er ist manchmal wie ein Automat, aber dann gibt es auch diese Ausraster." „Manchmal lacht sie komisch, wenn sie traurig ist." „Sie sieht nur noch alles schwarz." „Sein Missmut ist bedrückend. Immer häufiger spricht er von Selbstmord."

Anspannung und Schlaflosigkeit. Insbesondere die Nachtruhe ist während akuter Phasen psychotischer Erkrankungen beeinträchtigt. Betroffene sagen z.b.: „Ich komme nicht mehr zur Ruhe." „Ich habe mehrfach Nächte durchgemacht."

Für Angehörige bedeutet dies ebenfalls eine große Belastung, da auch ihre Nachtruhe dadurch gestört sein kann. Ein Beispiel: „Nachts ist keine Ruhe mehr. Das geht ununterbrochen weiter mit ihrer Unruhe."

Diese Symptombeschreibungen sind natürlich unvollständig. Beschreibungen wie diese können einen oberflächlichen Eindruck der Erlebnisse von Betroffenen und Angehörigen vermitteln. Sie können dagegen nicht wiedergeben, wie umfassend die erlebte Wesensveränderung sein kann und wie sehr sich dadurch alle Lebensbereiche verändern und zur Belastung werden können. Psychotische Episoden sind durch eine tief greifende Veränderung der Wahrnehmung, der Denkweise und des Verhaltens gekennzeichnet. Betroffene erleben sich selbst und andere Menschen grundlegend anders als zuvor. Die gesamte Person scheint sich in dieser Zeit zu ändern. Zu aller Verwirrung kann hinzukommen, dass diese Veränderungen nicht ständig in der gleichen Intensität auftreten. Es kann ab und zu auch Situationen geben, in denen die Betroffenen wieder die alten zu sein scheinen.

Viele psychotische Erlebnisse gehen zunächst mit dem Gefühl großer Klarheit, großer Gewissheit und dem Gefühl einher, endlich den Dingen auf den Grund gekommen zu sein. Häufig sind zunächst sehr angenehme Gefühle (Glück, Liebe, Lust) damit verbunden. Die unangenehmen und bedrohlichen Seiten dieser Veränderungen setzen manchmal erst später ein. Dazu gehört u.a. das Erleben von Betroffenen, dass niemand die Dinge so sieht wie sie. Das macht einsam. Viele der Überzeugungen haben bedrohlichen Inhalt. Gleichzeitig lässt das Vertrauen in andere Menschen nach. So scheint nur sozialer Rückzug möglich zu sein. Das Leben engt sich zunehmend ein.

Und jetzt Sie: Kommen Ihnen einige dieser Beschreibungen bekannt vor? Haben Sie als Betroffener oder als Angehöriger eines Betroffenen Ähnliches erlebt? Wie haben Sie Ihre Erlebnisse empfunden? Nehmen Sie sich Zeit, und seien Sie offen sich selbst gegenüber! Machen Sie sich Notizen!

Wenn Ihnen keine dieser Beschreibungen bekannt vorkommt, schlagen wir Ihnen Folgendes vor: Sie wissen, wie dieses Buch in Ihre Hände kam. Was mag denjenigen, der Ihnen dieses Buch empfohlen hat, dazu veranlasst haben? Vielleicht sehen ja die Menschen in Ihrer Nähe vieles in einem anderen Licht. Fragen Sie nach!

Und jetzt Sie: Wie mag Ihr Verhalten und Erleben auf Ihre Angehörigen wirken bzw. gewirkt haben?

Die Veränderungen, die insbesondere Angehörige teils sehr schmerzhaft erleben, werden von Betroffenen oft nicht wahrgenommen. Vorhaltungen oder Einwände von Angehörigen werden daher von Betroffenen als unzutreffend oder als gegen die Person des Betroffenen gerichtet angesehen. Dass sich die Angehörigen bemühen, Hilfestellung zu geben, können Betroffene oft gar nicht erkennen. Daraus resultieren viele Konflikte.

Was sind Symptome? Sie haben sicherlich bemerkt, dass wir die hier beschriebenen Erfahrungen von Betroffenen etwas geordnet haben. Die Oberbegriffe, die wir gewählt haben, entsprechen dabei so genannten Symptomen. Erlebnisse, die Bedeutung im Zusammenhang mit einer Erkrankung haben, werden als Symptom bezeichnet. Symptome sind die Zeichen einer Erkrankung.

Plus- und Minus-Symptome. Manche Symptome treten gehäuft gemeinsam auf. So haben viele Menschen, die wahnhafte Überzeugungen hatten, auch von Sinnestäuschungen berichtet. Vor diesem Hintergrund werden zwei Arten von Symptomen unterschieden: Plus- und Minus-Symptome. (Manche sprechen von „Positiv- und Negativ-Symptomatik" – das bezeichnet dasselbe.)

> **!** Bei den so genannten **Plus-Symptomen** kommt etwas zum üblichen Erleben hinzu, besteht ein Mehr an Erleben. Bei den **Minus-Symptomen** fehlt etwas, es besteht ein Weniger an Erleben.

Einige Beispiele: Wahnhafte Überzeugungen, Sinnestäuschungen, Denkstörungen werden zu den Plus-Symptomen gezählt. Antriebsarmut, Konzentrationsprobleme, das reduzierte Erleben von Gefühlen und der Wunsch, viel allein zu sein, zählen zu den Minus-Symptomen.

Diese Unterscheidung ist deshalb von Bedeutung, weil Minus-Symptome meist viel früher auftreten als Plus-Symptome. Nicht selten handelt es sich dabei um einen Zeitraum von mehreren Jahren. Minus-Symptome bleiben auch unter Behandlung meist noch viele Monate bestehen. Plus-Symptome sind dagegen Ausdruck der Akut-Phase der Erkrankung und klingen (unter angemessener Behandlung) oft innerhalb von Tagen bis Wochen wieder ab.

Psychose. Die in diesem Abschnitt beschriebenen Erfahrungen und Erlebnisse bringen zum Ausdruck, dass die Wahrnehmungen, Denkweisen, Gefühle und Verhaltensweisen von Betroffenen auffällig verändert sind. Die Gründe für diese Veränderungen können in ganz unterschiedlichem Licht gesehen werden. Die Betroffenen erleben die Umwelt als verändert und meinen, nur auf diese Veränderungen zu reagieren. Angehörige und Freunde hingegen sehen keine Veränderungen der Umwelt. Sie erleben jedoch, dass sich der Betroffene stark verändert.

Der Begriff der Psychose greift die Perspektive der Angehörigen und Freunde auf. Er bedeutet, dass die Veränderungen des Betroffenen von außen als Ausdruck einer Erkrankung angesehen werden. Diese Erkrankung betrifft die Fähigkeit, die eigenen Erlebnisse und Überzeugungen auf ihren Wirklichkeitsgehalt zu überprüfen. Nicht das Wesen oder die Persönlichkeit des Betroffenen hat sich verändert, sondern seine Wahrnehmung und Beurteilung der Umwelt ist durch die Erkrankung beeinflusst. Als Folge davon ist es für Betroffene auch schwer, zu erkennen, welche Veränderungen bei ihnen stattgefunden haben.

Aus unserer Sicht ist deshalb entscheidend, dass Sie als Betroffener versuchen zu verstehen, welche Veränderungen Angehörige und Freunde bei Ihnen beobachtet haben, und dass Sie über Ihre Erlebnisse mit vertrauten Personen ins Gespräch kommen. Mit den Ausführungen in diesem und den beiden nächsten Kapiteln möchten wir Ihnen deutlich machen, welche Aspekte Ihres Lebens dabei beeinflusst sein können, warum dies als Ausdruck einer Erkrankung zu verstehen ist und warum Behandlung sinnvoll ist.

3 Lebens- und Krankheitsverläufe

Im vorangegangenen Kapitel haben wir eine Momentaufnahme besprochen: Welche wesentlichen Erlebnisse und Beschwerden treten im Zusammenhang mit einer psychotischen Episode auf? In diesem Kapitel möchten wir mit Ihnen nun einen größeren Zeitraum überblicken. Fragen, die uns hier beschäftigen werden, sind: Wie verläuft die Erkrankung? Wie und wann beginnt sie? Wie schnell geht sie wieder vorbei? Kann das „normale" Leben wieder weitergehen?

Nehmen Sie sich vorher aber etwas Zeit, und überlegen Sie: Welche Erinnerungen haben Sie an den Beginn Ihrer Beschwerden oder der Beschwerden Ihres Angehörigen? Was ist die erste Veränderung, an die Sie sich erinnern? Wie ging es dann weiter? Wo stehen Sie jetzt? – Wir werden im Folgenden die verschiedenen Phasen psychotischer Erkrankungen darstellen:

▶ die Prodromalphase, d.h. die Phase mit ersten Beschwerden vor dem Ausbruch der eigentlichen Psychose
▶ die akute Phase, die schon im vorangegangenen Kapitel angesprochen wurde
▶ die Stabilisierungsphase im Anschluss an eine akute Phase
▶ die stabile Phase, in der die allermeisten Symptome wieder abgeklungen sind
▶ Krisen, die auch nach der Stabilisierung wieder auftreten können.

Jede dieser Phasen kann bei verschiedenen Betroffenen ganz unterschiedlich aussehen. Wir haben uns daher entschlossen, in diesem Kapitel exemplarisch den Krankheitsverlauf dreier Betroffener zu beschreiben. An deren Behandlung waren wir über einen langen Zeitraum hinweg beteiligt. Anhand dieser Beispiele möchten wir Ihnen dann die gemeinsamen Merkmale der verschiedenen Phasen erläutern.

3.1 Die Prodromalphase

Als Prodromalphase wird die Phase der Erkrankung bezeichnet, die der ersten akuten Phase vorausgeht und auch schon durch das Auftreten psychischer Beschwerden gekennzeichnet ist. Diese Beschwerden sind aber zunächst allgemeiner Natur und noch nicht eindeutig einer psychotischen Erkrankung zuzuordnen.

Beispiel I: Herr K.
Bei Herrn K. beginnt die Erkrankung schleichend. Er ist 17 Jahre alt, hat eine feste Freundin und ist Auszubildender in einem großen Betrieb. Er verliert nach und nach seinen Ehrgeiz und sein Interesse an der Ausbildung. Er fühlt sich oft gereizt, und er streitet sich jetzt vermehrt mit seinen Angehörigen, mit seiner Freundin und mit seinen Vorgesetzten und Kollegen. Er hat das Gefühl, als würde er alles nur falsch machen. Alltägliche Dinge, die ihm noch vor einigen Monaten leicht gefallen sind, kann er nur mit Mühe bewältigen. Er ist innerlich sehr angespannt und versucht krampfhaft, wieder Ordnung in sein Leben zu bekommen. Für seine Gereiztheit und seine Unkonzentriertheit macht Herr K. vor allem seine Eltern und seinen Meister verantwortlich. Von diesen fühlt er sich ständig unter Druck gesetzt, sich zusammenzureißen und sich endlich wieder mehr Mühe zu geben. Auch mit dem Einschlafen hat Herr K. zunehmend Probleme – er liegt lange wach, grübelt über viele Dinge nach und fühlt sich sehr unwohl. Woran dies genau liegt, kann er nicht benennen, er hat jedoch das Gefühl, als würde sich seine Umwelt gegen ihn stellen. Um den Problemen mit seinen Mitmenschen aus dem Weg zu gehen, zieht sich Herr K. zunehmend zurück, sitzt in seinem Zimmer, schaut Videos und flüchtet in eine Traumwelt, in der Gut gegen Böse kämpft. Um sich angenehme Gefühle zu verschaffen, die innere Leere zu überwinden und die alltäglichen Probleme zu vergessen, trinkt er mehr Alkohol und raucht viel Marihuana. Seine Beziehung geht in die Brüche, da er sich auch von seiner Freundin unverstanden fühlt – auch sie ist gegen ihn.

Rückblickend beschreibt sich Herr K. als einen aufsässigen Teenager mit vielen Gefühlsschwankungen, der unfähig war, den Anforderungen seiner Umwelt zu entsprechen und seine eigene Zukunft zu planen.

Beispiel II: Frau L.

Frau L. ist 34 Jahre alt, arbeitet seit Jahren als Sekretärin und gilt als äußert zuverlässig. Sie ist seit zehn Jahren in einer festen Partnerschaft und macht sich seit langem Gedanken über die Familienplanung. Frau L. hat eine jüngere Schwester, die bereits zwei Kinder hat. Zu diesen hat sie eine besonders enge Beziehung. In ihrer Freizeit ist sie sehr aktiv, hat viele Freunde und viele Hobbys. Durch einen Zufall erfährt sie, dass ihr Lebenspartner seit Jahren eine Beziehung zu einer anderen Frau hat. Sie ist entsetzt und verzweifelt – für sie bricht eine Welt zusammen. Sie leidet zunehmend unter Schlafstörungen, Konzentrationsmangel und seelischer Labilität. Sie kann nicht mehr richtig essen und verliert die Freude an ihren Hobbys. Sie fühlt sich zerstreut und macht bei der Arbeit zunehmend Fehler. Freunde und Arbeitskollegen machen sich große Sorgen um Frau L., finden jedoch die Probleme anlässlich ihrer Situation verständlich. Frau L. geht zum Arzt, der sie wegen Depressionen behandelt. Dennoch liegt sie Nächte lang wach. Sie malt sich die neue Beziehung ihres Lebenspartners aus – in Gedanken setzt sie sich mit der neuen Partnerin auseinander, sie redet mit ihr, streitet sich mit ihr. Auch während der Arbeit und beim Autofahren finden immer mehr Dialoge statt. Sie wird die Gedanken nicht mehr los, fragt sich schließlich, was die Frau eigentlich von ihr wolle. Schließlich fühlt sie sich bedroht und hat sogar das Gefühl, von der anderen Frau verfolgt und beobachtet zu werden.

Rückblickend beschreibt Frau L. das Gefühl, man habe ihr den Boden unter den Füßen weggezogen. Sie habe keine Orientierung und keinen Halt mehr gehabt. Sie habe keine Möglichkeit gesehen, mit der Belastung umzugehen.

Beispiel III: Frau P.

Frau P. ist 18 Jahre alt und hat vor vier Monaten die Realschule mit Erfolg abgeschlossen. Bis zum Beginn ihrer Lehre zur Verwaltungskauffrau will sie jobben. Die verschiedenen Jobs machen ihr großen Spaß, und sie ist stolz darauf, Geld zu verdienen. Sie lebt mit ihren zwei jüngeren Schwestern und ihrem jüngeren Bruder bei ihren Eltern. Die familiäre Atmosphäre empfindet sie als harmonisch. Frau P. hat einige gute Freunde und ist in ihrer Freizeit sehr aktiv – sie geht tanzen, spielt Badminton und singt in einem Chor. Vor einigen Monaten hat sie sich von ihrem langjährigen Freund getrennt. Besonders am Anfang war sie deshalb sehr niedergeschlagen. Seit der Trennung konsumiert sie vermehrt Cannabis, um sich zu beruhigen und besser schlafen zu können. Seit zwei Monaten hat sie das Gefühl, mehr Ruhe zu benötigen, und schränkt ihre Aktivitäten deshalb etwas ein. Das verstärkte Ruhebedürfnis erklärt sie sich mit den Anforderungen in den verschiedenen Jobs, die nach ihrem Empfinden in letzter Zeit zugenommen haben. Manchmal hat sie das Gefühl, dass ihre Freunde und Arbeitskollegen etwas komisch sind. Frau P. hat den Eindruck, dass diese manchmal so grimmig schauen, als ob sie böse auf sie wären. Manchmal findet sie, dass sie vor sich hin lächeln, so dass sie ab und zu das Gefühl bekommt, man lache über sie. Jedoch empfindet Frau P. solche Gedanken selbst als komisch und erklärt diese durch ihre Sensibilität seit der Trennung. Eigentlich findet sie, dass alles einigermaßen gut läuft. Sie plant ihre Zukunft und freut sich auf den bevorstehenden Urlaub mit ihren Freunden. Ihren Eltern fällt zwar eine Veränderung im Verhalten ihrer Tochter auf, da sie aber weiterhin arbeiten geht, sich mit ihren Freunden trifft und auch regelmäßig am Familienleben teilnimmt, räumen sie der Veränderung keinen großen Stellenwert ein.

Rückblickend beschreibt Frau P., dass sie in den vermehrten Cannabiskonsum einfach so reingeschlittert sei. Sie habe dies in ihrer Situation als hilfreich erlebt. Eine grundsätzliche Veränderung in ihrem Verhalten und ihrem Empfinden habe sie nicht wahrnehmen können. Für ihre Müdigkeit und das Grübeln über bestimmte Situationen habe sie stets Erklärungen gefunden und dies dann als normal erlebt. Erst kurz vor der Akutphase sei alles anders gewesen, und sie habe bemerkt, dass etwas nicht stimme. Dann sei alles ganz schnell gegangen.

Unspezifische Symptome

Was zeigen diese Beispiele? Die Prodromalphase ist gekennzeichnet durch eine zunehmende Verschlechterung des psychischen Zustands und der sozialen Situation der Betroffenen. Diese Phase kann oft Monate oder Jahre andauern. Viele der Symptome macht der Patient mit sich allein ab, viele sind aber auch nach außen beobachtbar. Der Mensch verhält sich „irgendwie merkwürdig", er ist „einfach nicht mehr der alte". Zunehmend deutlich wird oft auch, dass er seine bisherigen Aufgaben in Beruf, Partnerschaft und Familie nicht mehr erfüllen kann. Häufig wird den Betroffenen auch schon früh zur Aufnahme einer Behandlung geraten. Allerdings bedingt die Krankheit an sich, dass sich die Betroffenen zu Beginn meist nicht als krank erleben, sondern sich „irgendwie gestresst" fühlen. Die Veränderung des Befindens wird auf äußere Faktoren zurückgeführt. Üblicherweise dauert es ein Jahr und länger, bis Menschen mit einer schizophrenen Psychose nach Beginn der Erkrankung in eine Behandlung kommen.

Die Symptome werden deshalb als *unspezifische* Symptome bezeichnet, weil sie auch bei anderen psychischen Erkrankungen vorkommen und nicht allein der Schizophrenie zugeschrieben werden können. Es zeigen sich Veränderungen im Befinden und Verhalten, Ängste, Depression, Interessenverlust, Rückzug aus Arbeit und sozialen Aktivitäten u.Ä. In der Prodromalphase sind Veränderungen in folgenden Bereichen häufig zu beobachten:

► Reizbarkeit oder ungewohnte Grobheit
► Konzentrationsstörungen
► Niedergeschlagenheit

- ▶ starke innere Anspannung
- ▶ Angst
- ▶ Unwohlsein ohne Grund
- ▶ andauernde Müdigkeit
- ▶ Misstrauen oder unklare Befürchtungen
- ▶ Rückzug von Freunden, am Arbeitsplatz, im Verein
- ▶ Vernachlässigung der persönlichen Hygiene
- ▶ Störungen des Denkablaufs oder ungewöhnliche Gedankeninhalte
- ▶ abstrakte oder ungenaue Sprache.

3.2 Die Akutphase

In der Akutphase wird die Erkrankung deutlich. Die Symptome, die wir in Kapitel 2 beschrieben haben, treten jetzt hervor. In den meisten Fällen kommt es in dieser Phase zur stationären Aufnahme.

Beispiel I: Herr K.

Herr K. ist nun 19 Jahre alt, seine Ausbildung hat er nur mit großer Mühe abgeschlossen. Er hat sich von seinen Freunden vollständig zurückgezogen – sie sind jetzt seine Feinde. Mit seinen Eltern versteht er sich gar nicht mehr – sie kontrollieren alles, was er tut. Sein Betrieb übernimmt ihn nicht – die suchen nur Leute mit außergewöhnlichen Fähigkeiten. Er kann keine klaren Gedanken mehr fassen, immer wieder kommen ihm neue Gedanken in den Sinn. Jedes Geräusch nimmt er besonders intensiv wahr. Er fühlt sich beobachtet und kann die Überwachungskameras sehen. Herr K. wird wütend und demoliert sein ganzes Zimmer. Seine Eltern bringen ihn in die Klinik. Herr K. berichtet, ihm unbekannte Stimmen zu hören, die sein Verhalten teils positiv, teils sehr kritisch kommentieren.

Beispiel II: Frau L.

Frau L. kann nicht mehr allein sein – sie zieht zu Freunden, in der Hoffnung, sie würde da in Sicherheit sein. Aus lauter Angst kann sie nun gar nicht mehr schlafen. Für beruhigende Worte ihrer Freunde ist Frau L. nicht mehr zugänglich. Sie sieht Menschen, die sie beobachten, und Schatten am Fenster. Sie hört Stimmen, die andere nicht wahrnehmen, und hat das Gefühl, jemand wolle ihr etwas antun. Frau L. wird von ihren Freunden in die Klinik gebracht. Dort ist sie zunächst noch sehr verunsichert. Ihr fällt es schwer, zu berichten, was passiert ist, da ihr immer wieder neue Gedanken in den Kopf schießen. Sie weiß jedoch, dass sie krank ist, und ist froh, Hilfe zu bekommen.

Beispiel III: Frau P.

Frau P. ist nun seit einer Woche im Urlaub. Zunehmend fühlt sie sich unwohl. Sie kann schlecht schlafen. Der vermehrte Alkoholkonsum und die extreme Hitze bringen ihren Kreislauf durcheinander. Sie fühlt sich vor allem von fremden Männern beobachtet – dies macht ihr große Angst. Sie glaubt, etwas Besonderes zu sein, sonst würden ihr die anderen ja nicht so viel Aufmerksamkeit schenken. Ihren Freunden macht sie sich durch Zeichensprache verständlich – sie geht davon aus, dass ihre Freunde ihre Gedanken ohnehin lesen können. Bald kann sie keine klaren Gedanken mehr fassen und hat auch mit dem Sprechen Schwierigkeiten. Ihre Sätze kann sie nicht mehr vervollständigen, und manchmal fallen ihr die richtigen Worte nicht mehr ein. Zudem sieht sie überall kleine Tiere, die auf sie zukrabbeln. Dies macht ihr große Angst. Ihre Freunde versuchen, mit ihr über ihr seltsames Verhalten zu sprechen, jedoch macht dies Frau P. aggressiv – sie fängt an zu schreien und um sich zu schlagen. Die Freunde sind hilflos und rufen die Eltern an, die Frau P. dann nach Hause holen und in die Klinik bringen. Dort berichtet sie, dass auf einmal alles ganz anders gewesen sei. Sie habe jetzt das Gefühl, eine Heilige zu sein. Sie habe die Fähigkeit, die Gedanken der anderen lesen zu können.

Deutliche psychotische Symptome

Die zweite Phase wird als „akute" Phase bezeichnet: Kennzeichnend sind deutliche psychotische Merkmale über einige Zeit hinweg sowie eine Beeinträchtigung der beruflichen, sozialen, geistigen und persönlichen Fähigkeiten – deutlich unterhalb des Niveaus vor dem Beginn der Krankheit. Insbesondere die Akutphase stellt für alle Beteiligten eine Extremsituation dar. Als Angehörige erleben Sie Veränderungen beim Betroffenen, die viele Sorgen bereiten und Ungewissheiten für die Zukunft mitbringen.

3.3 Die Stabilisierungsphase

In der Stabilisierungsphase gehen die Plus-Symptome zurück. Dies benötigt in der Regel einige Wochen – dann kehrt wieder mehr Ruhe ein. Zu diesem Zeitpunkt werden die Entlassung und weitere Behandlungsmaßnahmen vorbereitet.

Beispiel I: Herr K.

Herr K. ist nun seit acht Wochen in der Klinik. Langsam treten die Ängste und Wahnvorstellungen in den Hintergrund. Immer wieder äußert Herr K. jedoch sein Misstrauen anderen Personen gegenüber. Ganz selten hört er noch die Stimmen. Er ist hin und her gerissen und spielt mit dem Gedanken, die Behandlung abzubrechen. Er fühlt sich unwohl. Er kann sich mit nichts lange beschäftigen. Er ist unkonzentriert, schnell müde und fühlt sich erschöpft. Er verspürt innere Unruhe und ist nicht in der Lage, sich zu entspannen. Am liebsten möchte er nun den ganzen Tag im Bett liegen. An den Therapieangeboten nimmt er nur nach Aufforderung und mit großem Widerwillen teil. Herr K. möchte wieder gesund werden und seine Zeit nicht in der Klinik verbringen. Er spürt auch die Ungeduld seiner Eltern, die über den langsamen Genesungsfortschritt enttäuscht sind. Besonders über die Antriebslosigkeit und die fehlenden Gefühlsäußerungen sind die Eltern schockiert. Ihr Sohn wäscht sich kaum und zieht nur nach Aufforderung saubere Kleidung an. Er möchte nichts unternehmen, spricht kaum mit ihnen und zeigt keine Freude, wenn sie ihn besuchen.

In den folgenden Wochen fängt Herr K. an, wieder etwas aktiver zu werden – auch wenn ihm dies meist keinen Spaß macht. Er versucht zu lesen, auch wenn er sich nicht lange konzentrieren kann. Da Herr K. zunehmend traurig und niedergeschlagen ist, bekommt er ein weiteres Medikament – ein Antidepressivum. Ganz langsam soll er nun wieder die Belastung steigern. Die ergotherapeutischen Angebote in der Klinik werden zeitlich ausgedehnt.

Die Wochenenden soll er wieder zu Hause verbringen. An diesen nimmt Herr K. Kontakt zu seinen alten Freunden auf. Er geht mit ihnen aus, trinkt Alkohol und fühlt sich wohl dabei. Sein anfänglicher Vorsatz, kein Marihuana mehr zu konsumieren, ist schnell vergessen – es geht ihm ja wieder besser. Auch kommt es vor, dass er an den Wochenenden seine Medikamente vergisst.

Nach ca. drei Wochenenden, an denen er „gut drauf war", beginnt Herr K. erneut, gereizt zu werden. Er ist neuen Mitpatienten gegenüber misstrauisch und glaubt, von ihnen beobachtet zu werden. In Gesprächen mit seinen Therapeuten ist er verschlossen und ablehnend. Herr K. kann sich jedoch auf eine weitere Behandlung einlassen. Er versucht, die Wochenenden besser zu strukturieren, und bittet seine Freunde um Unterstützung bei seinem Vorsatz, weder Alkohol noch Drogen zu konsumieren. Nach weiteren Wochen scheint Herr K. sich stabilisiert zu haben. Er setzt seine Behandlung in der Tagesklinik fort. Die bestehende Minus-Symptomatik versucht er, durch gezielte Wochen- und Aktivitätenplanung in den Griff zu bekommen.

Beispiel II: Frau L.
Frau L. ist durch die stationäre Aufnahme deutlich entlastet. Schon nach wenigen Tagen ist das Gefühl der Bedrohung ver-

schwunden. Frau L. kann die Erlebnisse vor der stationären Aufnahme als Ausdruck einer Erkrankung sehen, die durch eine länger andauernde Belastung ausgelöst wurde. Frau L. ist nun froh über die Entlastung von den alltäglichen Pflichten. Ihre Unruhe legt sich nach weiteren Tagen, jedoch grübelt sie viel über ihre Zukunft nach und kann weiterhin nur schlecht einschlafen. Den Alltag auf der Station empfindet sie als hilfreich. Bei den therapeutischen Gesprächen kann sie sich über ihre Gefühle klar werden. Die Unterstützung ihrer Freunde und ihrer Schwester tun ihr sehr gut. Langsam denkt Frau L. daran, ihre Zukunft neu zu planen.

Nach ca. vier Wochen beginnt Frau L. einen so genannten Wiedereingliederungsversuch: Sie geht von der Klinik aus für zunächst zwei Stunden am Tag zu ihrer Arbeitsstelle zurück. Bald merkt sie, dass sie noch große Schwierigkeiten damit hat, sich über längere Zeit auf ihre Arbeit zu konzentrieren. Auch ermüdet sie ungewohnt schnell. An den Wochenenden, wenn es keine feste Struktur gibt, liegt sie meist im Bett. Sie fühlt sich dann müde und erschöpft. Ihre Freunde können sie nur schwer ermutigen, etwas zu unternehmen. Auch hat sie kaum Energie, um mit ihren Nichten zu spielen. Die von ihr sonst so geliebte Lebendigkeit der Kinder ist ihr nun zu anstrengend. Frau L. ist zunehmend traurig über ihre ungewohnte Lebensweise. Früher war sie sehr aktiv, hatte viel Spaß an ihren Hobbys und konnte stundenlang mit den Kindern toben. Nun hat sie oft das Gefühl der Leere in sich, und vieles ist ihr gleichgültig. An den Gesprächen im Freundeskreis nimmt sie kaum teil. Es fällt ihr schwer, über Witze zu lachen. Nach ca. acht Wochen wird Frau L. in ihre neue Wohnung entlassen. Sie arbeitet jetzt vier Stunden am Tag.

Beispiel III: Frau P.

Frau P. ist in den ersten zwei Tagen in der Klinik noch sehr durcheinander und unruhig – sie kann gar nicht verstehen, warum sie in der Psychiatrie ist. Sie versucht, ihre Eindrücke zu erklären und den anderen verständlich zu machen, dass sie normal ist. Durch die verordneten Medikamente wird sie innerhalb kurzer Zeit deutlich ruhiger, und ihre Gedanken werden geordneter. In den darauf folgenden Tagen schläft sie fast nur, sie fühlt sich sehr erschöpft. Bereits nach einer Woche kann sie sich von den Wahninhalten distanzieren. In den Gesprächen äußert sie, sie wisse, dass ihre Gedanken und Gefühle komisch gewesen sind. Sie könne nicht verstehen, was passiert ist, und an viele Dinge während des Urlaubs könne sie sich gar nicht mehr erinnern. Auch wisse sie nicht, wie sie nach Hause gekommen ist und wer sie in die Klinik gebracht hat. Das verunsichert sie sehr. Sehr gut annehmen kann sie jedoch, als ihr die Symptome ihrer Erkrankung erklärt werden. Sie kann dadurch mehr Verständnis für ihre Situation aufbauen. Frau P. nimmt trotz weiter bestehender Müdigkeit sehr engagiert an den Therapien teil und wird bereits nach drei Wochen in stabilisiertem Zustand in die ambulante Weiterbehandlung entlassen. Nach weiteren drei Wochen beginnt sie wieder zu arbeiten.

Die Plus-Symptome gehen zurück

Die Stabilisierungsphase ist dadurch gekennzeichnet, dass sich infolge der medikamentösen Behandlung mit Antipsychotika die Plus-Symptomatik zurückbildet. Mit zunehmendem Abklingen der Plus-Symptomatik tritt häufig die Minus-Symptomatik in den Vordergrund. Oft werden diese Symptome von den Betroffenen als Nebenwirkungen der Medikamente verstanden und nicht als Symptome der Erkrankung gesehen. Die Betroffenen fühlen sich nicht mehr so leistungsfähig. Sie verlieren an vielem das Interesse. Alltägliche Dinge bedeuten große Anstrengung für sie. Neben der Antriebsstörung ist oft auch eine Veränderung auf der Gefühlsebene zu beobachten. Dies zeigt sich in einer emotionalen Ausdruckslosigkeit. Die Betroffenen sprechen monoton und zeigen oft wenig Gefühlsäußerungen. Es fällt ihnen schwer, ihre Gefühle wahrzunehmen und mitzuteilen. Sie fühlen sich oft abgestumpft oder leer. Nichts empfinden sie als wirklich wichtig, vieles ist ihnen egal. In dieser Phase sind die Betroffenen sehr sensibel. Bei Überlastung kann es schnell zu einem Wiederauftreten der Plus-Symptomatik kommen. Besonders belastend für die Betroffenen und die Angehörigen ist, dass die Minus-Symptomatik meist lange anhält und sich nur langsam Verbesserungen zeigen.

3.4 Die stabile Phase

Diese Phase ist dadurch gekennzeichnet, dass sich relativ wenig Veränderung des Krankheitsbildes zeigt. In der stabilen Phase sind ca. 80 % der Betroffenen frei von Plus-Symptomen. Bei ca. der Hälfte der Betroffenen sind über einen längeren Zeitraum noch Minus-Symptome vorhanden. Sofern durch die Erkrankung das Gedächtnis und die Konzentrationsfähigkeit eingeschränkt sind, bleibt das ebenfalls meist relativ stabil und bessert sich nur über längere Zeiträume.

Bei Frau L. stellt sich nach einigen Monaten und einem kurzen Wiederaufflackern der Symptome eine stabile Phase mit geringen Einschränkungen ein. Bei Herrn K. ist der Verlauf demgegenüber durch fortbestehende Symptome gekennzeichnet. Frau P. hat sich relativ schnell stabilisiert und erlebt fast keine Einschränkungen oder wiederkehrenden Krankheitssymptome mehr.

3.5 Krise und Rückfall

Krisen und Rückfälle können auch nach Jahren der Stabilität wieder auftreten. Meist sind Überforderung und geringer werdende Belastbarkeit zu beobachten, bevor die Symptome wieder auftreten.

Beispiel I: Herr K.
Herr K. fühlt sich auch in der Tagesklinik nicht wohl. Manchmal geht es ihm besser, dann tritt wieder eine deutliche Verschlechterung ein. Auch misstraut er anderen Menschen manchmal noch. Er verspürt Ängste, kann aber nicht benennen, vor was er sich fürchtet. Er fühlt sich oft unwohl. Seine Gereiztheit führt er auf den langen Klinikaufenthalt zurück: Er hat „keinen Bock" mehr auf Klinik. Die anhaltenden Konzentrationsprobleme und die immer noch bestehende Antriebslosigkeit schreibt er den Medi-

kamenten zu: Ohne diese wäre er viel aktiver und könnte mehr am Leben teilnehmen. Herr K. bricht die Behandlung ab. Er fühlt sich stabil genug.

Die fehlende Tagesstruktur daheim ist zuerst eine große Erleichterung für ihn. Er kann lange schlafen, abends lange aufbleiben, sich mit den Freunden treffen und nachts noch Videos schauen. Aufforderungen von Seiten der Eltern, wieder in die Klink zu gehen oder wenigstens mehr Sinnvolles zu tun, empfindet er als belastend. Er hat keine Lust, sein Zimmer aufzuräumen oder mit einkaufen zu gehen. Zunehmend kommt es wieder zu Auseinandersetzungen zwischen ihm und den Eltern. Herr K. setzt nun auch die Medikamente ab. Er beginnt wieder, Alkohol zu trinken. Dass seine Freunde ihn darauf ansprechen, ist ihm gar nicht recht. Er zieht sich wieder vermehrt zurück und hat erneut das Gefühl, dass die anderen ihm etwas Böses wollen. Nach ca. vier Wochen kommt es zu Wutausbrüchen. Durch Gespräche lässt sich Herr K. nicht mehr beruhigen. Herr K. hat einen Rückfall und wird erneut stationär in der Klinik aufgenommen.

Beispiel II: Frau L.

Frau L. arbeitet jetzt wieder ganztags. Im letzten Jahr war sie in regelmäßiger Behandlung. Sie hat sich zusammen mit anderen Betroffenen und mit Unterstützung der Klinik mit ihrer Erkrankung auseinander gesetzt und über auftauchende Probleme im Zusammenhang mit der Erkrankung gesprochen. Frau L. hat viel über die Krankheit erfahren. Sie weiß, wie wichtig es ist, regelmäßig Medikamente einzunehmen, einen geregelten Tagesablauf zu haben und bei Veränderung ihres Befindens auf Frühwarnzeichen zu achten.

Obwohl sie noch antriebsschwach ist und sich gelegentlich schlecht konzentrieren und erinnern kann, möchte sie den Anforderungen der anderen gerecht werden. Als im Büro viel Arbeit anfällt, ist sie natürlich bereit, hin und wieder Überstunden zuleisten. Verschiedene Verabredungen mit ihren Freunden

möchte sie auch nicht absagen. Auch hat sie wieder die angenehme Verpflichtung übernommen, auf ihre Nichten aufzupassen.
Sie fühlt sich zwar etwas überfordert, aber früher hat sie dies
auch gut gemeistert. Zudem hat sie das Gefühl, dass es gut für
sie ist, wieder mehr zu unternehmen. Auch ihre Umgebung
nimmt dies wahr und meldet ihr dies als positive Entwicklung
zurück. Dass sie nun viel schlechter schlafen kann und unregelmäßig isst, nimmt sie zuerst nicht wahr – dazu ist sie viel zu beschäftigt. Innerhalb der nächsten Wochen spürt sie jedoch eine
deutliche Verschlechterung ihres Befindens. Sie wird zunehmend unruhiger und nervös. Es fällt ihr immer schwerer, sich zu
konzentrieren und die Aufmerksamkeit auf ihre Aufgaben zu
richten. Sie hat einfach zu viele Gedanken auf einmal. Unter diesem Druck beginnt sie, vermehrt Fehler zu machen, sie liegt
nachts lange wach und grübelt. Langsam wird ihr klar, dass sie
sich in einer Krise befindet und sich Symptome eines Rückfalls
zeigen.

Beispiel III: Frau P.
Seit zwei Monaten hat Frau P. ihre Jobs wieder aufgenommen.
Jedoch hat sie bald das Gefühl, überfordert zu sein, und kündigt
deshalb einen ihrer Jobs. Auch die regelmäßigen Therapietermi-
ne sind, besonders am Anfang, für sie eine Belastung. Sie fühlt
sich schnell müde, ist manchmal lustlos und hat Probleme, sich
lange zu konzentrieren. Wenn sie zu Hause ist, benötigt sie meist
sehr viel Ruhe und zieht sich in ihr Zimmer zurück. Von ihren
Angehörigen erfährt sie viel Unterstützung und Verständnis.
Diese stellen weniger Ansprüche an sie und freuen sich über
kleine Genesungsfortschritte. Frau P. versucht, trotz ihrer Antriebsprobleme regelmäßig an ihren Freizeitaktivitäten teil-
zunehmen, denn diese machen ihr nach wie vor großen Spaß.
Der geplante Beginn ihrer Ausbildung macht ihr Sorgen, sie
stellt sich immer wieder die gleichen Fragen: „Werde ich das
schaffen? Was ist, wenn es mir wieder schlechter geht?" Bei diesen Gedanken verspürt sie vermehrt innere Unruhe. Auch be-

merkt sie, dass ihr Schlaf nicht mehr so erholsam ist. Sie macht sich Sorgen und spricht dies in der Therapie an. Frau P. hat die Überlastungsreaktion rechtzeitig erkannt und – mit Unterstützung – entsprechende Entlastungsstrategien entwickelt. Sie ist froh darüber, die bevorstehende Krise abgewandt zu haben.

Den Rückfall verhindern lernen

Auch wenn sich die Patienten meist schon gut stabilisiert haben, besteht die Gefahr eines Rückfalls. Hierbei verschiebt sich das Gleichgewicht zwischen Belastung und Belastbarkeit. Der Betroffene gerät aus dem Gleichgewicht. Die Ursachen dafür können vielfältig sein. Es können zusätzliche Belastungen auftreten, die nicht als solche wahrgenommen werden. Oder die persönliche Belastbarkeit wird z.b. durch körperliche Krankheiten, unregelmäßige Tagesstruktur, Alkohol- bzw. Drogenkonsum oder unregelmäßige Einnahme der Medikamente reduziert. Bevor es zu einem richtigen Rückfall kommt, befinden sich die Betroffenen in einer Krise. Eine Krise wird durch die so genannten Frühwarnzeichen angekündigt.

Ein Rückfall kann verhindert oder gemindert werden, wenn rechtzeitig Maßnahmen getroffen werden. Eine wichtige Voraussetzung dazu ist, dass Sie lernen, Signale eines sich ankündigenden Rückfalls schneller wahrzunehmen, richtig einzuordnen und die entsprechenden Schritte einzuleiten. Darauf kommen wir in Kapitel 6 näher zu sprechen. Bei offensichtlichen, bevorstehenden zusätzlichen Belastungen (z.b. Prüfungen, Umzug, Arbeitsplatzwechsel) können rechtzeitig Vorkehrungen getroffen werden, um diese Belastung zu meistern. Diese Fragen greifen wir in Kapitel 7 auf, wenn es um die Bedeutung von Belastungen geht. Oft ist bei Krisen die Unterstützung der Angehörigen besonders wichtig. Diese nehmen meist schon vor dem Betroffenen eine Veränderung wahr. Sinnvoll ist es deshalb, Absprachen zu treffen, wie sich jeder Beteiligte bei einer drohenden Krise verhalten kann. Auch hierauf werden wir in Kapitel 6 eingehen.

3.6 Der Langzeitverlauf

Wie sieht die Zukunft aus? Was ist bekannt über den langfristigen Verlauf psychotischer Erkrankungen? Auch zu diesen Fragen wollen wir die drei Beispiele heranziehen.

Beispiel I: Herr K.

Herr K. musste in den letzten sechs Jahren insgesamt viermal stationär behandelt werden. Es gab einige Monate, in denen er sich trotz Rest-Symptomen gut stabilisiert hatte. Vor zwei der Rückfälle hatte er seine Medikamente abgesetzt. Bei den anderen Rückfällen hatte er im Vorfeld vermehrt Alkohol getrunken; auch gab es immer wieder Phasen, in denen er wieder Drogen konsumiert hatte. In den ersten zwei Jahren nach Krankheitsausbruch lebte Herr K. weiterhin zu Hause, jedoch war die Belastung durch die Erkrankung für ihn und seine Eltern zu viel. Es kam häufig zu Auseinandersetzungen. Die Erkrankung bestimmte komplett das Familienleben. Die Eltern kamen nicht damit zurecht, dass ihr Sohn in seiner „eigenen Welt" lebte, sich zurückzog und nicht viel mit ihnen sprach. Es gab Zeiten, in denen er nahezu verwahrloste, sich nicht wusch und stundenlang nur im Bett lag. Es war ein langer und schmerzlicher Prozess, bevor sie gemeinsam – mit Hilfe des Psychosozialen Dienstes – beschlossen, dass Herr K. in eine betreute Wohngruppe ziehen solle.

In der ersten Zeit hatte Herr K. dort große Probleme, sich einzuleben. Besonders der Kontakt zu den Mitbewohnern schien ihm zu viel zu sein. Auch konnte er sich nur langsam daran gewöhnen, wieder alltägliche Aufgaben wie Kochen, Einkaufen und Aufräumen zu verrichten. Jedoch war die vorgegebene Struktur ein Rahmen, in dem er sich zunehmend stabilisieren konnte. Nach ca. einem Jahr konnte er sogar wieder stundenweise arbeiten. Herr K. nimmt weiterhin seine Medikamente ein und versucht trotz bestehender Symptomatik, ein für ihn angemessenes Leben zu führen. Er hat neue Freunde gefunden, und der Kontakt zu den Eltern ist deutlich entspannter. Es ist geplant, dass sich Herr K. eine eigene Wohnung sucht.

Beispiel II: Frau L.

Frau L. hat sich innerhalb der letzten vier Jahre gut stabilisiert. Nach zwei Jahren konnte sie ihre Medikamente langsam absetzen. Sie hat viele ihrer Hobbys wieder aufgenommen. Als Rest-Symptomatik ist jedoch noch eine geringe Antriebsschwäche und schnelle Ermüdbarkeit zurückgeblieben. Frau L. beschreibt sich als ca. 70 % so leistungsfähig wie vor der Erkrankung. Ihre Freunde haben ihr gesagt, dass sie nicht mehr so lebhaft wie früher sei. Sie sei viel ernster geworden. Mit ihren Nichten kann sie nun wieder viel Zeit verbringen, ohne das Gefühl zu haben, dass es ihr zu viel sei. Auf der Arbeitsstelle erfüllt sie seit langem wieder ihre gewohnten Aufgaben. Aufgrund des Rückfalls hat sie jedoch gelernt, besser auf sich aufzupassen und Frühwarnzeichen zu beachten. Bei zu großen Anforderungen legt sie mehr Pausen ein. Sie hat gelernt, auch manchmal Nein zu sagen.

Beispiel III: Frau P.

Frau P. hat ihre Ausbildung zur Verwaltungskauffrau mit Erfolg abgeschlossen. Seit der Behandlung in der Klinik sind nun vier Jahre vergangen. Besonders im ersten halben Jahr war sie antriebs- und konzentrationsschwach. Zunehmend konnte sie jedoch mit der Minus-Symptomatik besser umgehen und stellte ihren Alltag auf die verminderte Leistungsfähigkeit ein. Da sie deutlich an Gewicht zugenommen hatte, musste ihr Neuroleptikum umgestellt werden. Nach ca. eineinhalb Jahren fühlte sie sich wieder völlig gesund, und die Medikation wurde langsam abgesetzt. Während ihrer Ausbildung, besonders vor Prüfungen, hatte sie manchmal das Gefühl, dass sie sich übernahm. Wenn sie sich vermehrt Sorgen machte und ins Grübeln kam, sprach sie mit ihren Freunden oder ihrer Familie über ihre Ängste und Gedanken – dies entlastete sie sehr. Sie setzte Strategien ein, die sie inzwischen gelernt hatte, um große Anforderungen besser zu bewältigen. Frau P. blieb über zwei Jahre in therapeutischer Behandlung, anfangs wöchentlich, später in größeren Abständen. Sie hat gelernt, bevorstehende Belastungen und Krisen, die zum Leben jedes Menschen gehören, aktiv anzugehen, und fühlt sich stabiler und reifer als vor der Erkrankung.

Stabilität anstreben

Die Langzeitverläufe sind sehr unterschiedlich. Leider gibt es keine Gewissheit darüber, wie das im Einzelfall aussehen wird. Rückfälle und bleibende Beeinträchtigungen können nicht für jeden Betroffenen ausgeschlossen werden. Allerdings können die Behandlungsmaßnahmen die Chancen deutlich und nachhaltig erhöhen: für ein stabiles Befinden und für ein befriedigendes soziales Leben.

3.7 Was heißt das für Sie?

Sie haben nun den Krankheitsverlauf von drei Menschen kennen gelernt. Möglicherweise ist Ihnen die Beschäftigung damit schwer gefallen. Es ist nicht leicht, sich klarzumachen, dass die Zukunft große Belastungen mit sich bringen und dass eine psychische Erkrankung einen großen Einfluss auf die weitere Lebensgestaltung haben kann.

Und jetzt Sie: Überlegen Sie doch bitte, in welcher der zuvor beschriebenen Phasen der Erkrankung Sie sich befinden bzw. Ihr Angehöriger sich befindet. Dies ist aus unserer Sicht wichtig, um eine längerfristige Perspektive für die Zukunft aufzubauen. Wir haben Ihnen diese Krankheitsverläufe vorgestellt, weil aus ihnen hervorgeht, dass bei den meisten Patienten eine mehrjährige Beschäftigung mit der Rückkehr in den „normalen" Alltag erfolgen muss. Wie sehen Sie das?

Beschwerden ernst nehmen. In der Prodromalphase und auch der akuten Phase neigen viele Betroffene dazu, die Beschwerden gar nicht ernst zu nehmen. Dies birgt die Gefahr in sich, dass die Behandlung erst zu spät einsetzt. Wenn Sie zu der Einschätzung kommen, dass Sie sich in dieser Phase befinden, möchten wir Sie ermutigen, möglichst rasch einen Psychiater oder die Ambulanz einer psychiatrischen Klinik aufzusuchen und Behandlungsschritte einzuleiten. Bei 80 % der Patienten können die Plus-Symptome erfolgreich behandelt werden.

Aufmerksam bleiben. Wenn Sie sich in der Stabilisierungsphase befinden, bedenken Sie bitte, dass ein hohes Maß an Aufmerksamkeit erforderlich ist. Sie haben die akute Phase überwunden und können nach vorn blicken. Gleichzeitig besteht noch eine erhöhte Gefährdung für das Wiederauftreten von Krankheitszeichen. Zudem sind Sie möglicherweise noch nicht so leistungsfähig wie zuvor. Dies benötigt Zeit. Wir wünschen Ihnen die Geduld, die noch verbleibenden Einschränkungen auszuhalten. Überfordern Sie sich nicht! Gleiches gilt für die Angehörigen: Ihre Unterstützung in dieser Phase ist wertvoll – auch Sie brauchen Geduld, um nicht vor Unzufriedenheit zu resignieren oder gereizt zu werden.

Nach vorn schauen. In der stabilen Phase wünschen wir Ihnen, dass Sie im Alltag wieder Fuß gefasst haben und kaum noch an Ihre Erkrankung denken müssen. Behalten Sie im Hinterkopf, dass niemand vor Krisen sicher ist, aber leben Sie ansonsten Ihr Leben. Leider gibt es einen kleinen Teil von Betroffenen (ca. 20 %), die dauerhaft Einschränkungen hinnehmen müssen. Hier kommt es dann auf die regelmäßige Unterstützung in den Lebensbereichen Wohnen, Arbeit und Freizeitgestaltung an. Einiges dazu erfahren Sie in Kapitel 5.2.

Aus Krisen lernen. Bei mehr als der Hälfte der Patienten treten nach einiger Zeit Rückfälle auf. Dies ist bei dieser schweren Erkrankung bislang nicht zu vermeiden. Auch bei regelmäßiger Medikamenteneinnahme kann es zu Rückfällen kommen, wenn die Belastung zu groß wird. Es ist wichtig, dass Sie aus solchen Krisen lernen:

► Die Frühwarnzeichen werden manchmal nach einer erneuten Krise klarer.
► Auch die Belastungsfaktoren kommen oft klarer zum Ausdruck.

Wenn Sie aus bisherigen Krisen lernen, so haben Sie gute Chancen, weitere Krisen zu vermeiden. Der Großteil aller Betroffenen zeigt somit einen günstigen Verlauf. Wesentliche Voraussetzung dafür ist aber eine regelmäßige Behandlung, insbesondere auch die zuverlässige Einnahme von Medikamenten und ein eigenverantwortlicher Umgang mit sich selbst.

Abbildung 1 zeigt Ihnen eine Statistik, die die Chance angibt, stabil und weitgehend symptomfrei zu bleiben. Die Zahlen sind unterschiedlich – je nachdem, ob die Betroffenen die Medikamente regelmäßig eingenommen haben oder nicht. Ebenso spielt die psychotherapeutische Behandlung eine wichtige Rolle.

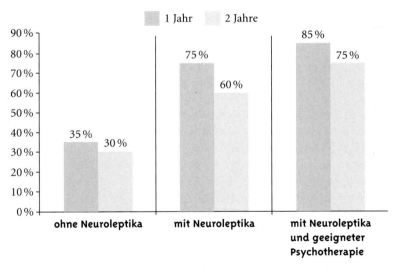

Abbildung 1. Die Frage ist: Wie viele Patienten mit einer Psychose benötigen innerhalb von einem und zwei Jahren keine weitere stationäre Behandlung? Mit Hilfe der verschiedenen Behandlungsmöglichkeiten wird die Chance deutlich erhöht, das eigene Leben zu stabilisieren und allgemein mit dem Leben zufrieden zu sein

Sie sehen also: Es lohnt sich, alle Möglichkeiten auszuschöpfen. Sie lesen gerade dieses Buch und beschäftigen sich mit Ihrer Situation. Damit sind Sie auf dem richtigen Weg, Ihre Chance auf Stabilität, so weit es geht, zu erhöhen. Wir möchten Sie ermutigen, auf diesem Weg weiterzugehen.

! Psychotische Erkrankungen können tief in die Lebensführung eingreifen. Sie können jedoch auch gut behandelt werden. Sie sind der Erkrankung nicht hilflos ausgeliefert, sondern können selbst einen Beitrag zur Stabilisierung leisten. Die Mühe lohnt sich.

4 Die Krankheit Schizophrenie und ihre Ursachen

Möglicherweise haben Sie einige der in Kapitel 2 und 3 beschriebenen Erfahrungen und Erlebnisse selbst gemacht oder beobachtet, zweifeln aber daran, dass es sich hierbei tatsächlich um eine Erkrankung handelt. Wie kommen wir eigentlich dazu, von Erkrankung zu sprechen? Und wenn es eine Erkrankung sein soll, was ist über die Ursachen bekannt? Auf diese Fragen wollen wir hier eingehen.

4.1 Die Bedeutung von Belastung und Stress

Überlastung und Stress werden von den meisten Betroffenen als Hauptgründe für die psychischen Beschwerden genannt. Bitte überlegen Sie einmal, ob es im Vorfeld Ihrer Beschwerden Dinge gab, die Ihnen zu viel geworden sind oder mit denen Sie nicht mehr gut fertig geworden sind. Häufig werden genannt:
▶ nachlassende Leistungen in Schule, Ausbildung oder Beruf
▶ anstehende Prüfungen
▶ belastende Lebensereignisse (z.B. Arbeitsplatzwechsel, Umzug, Krankheiten oder Todesfälle)
▶ oder auch einfach nur häufige Auseinandersetzungen, Ärgernisse oder Ähnliches.
Belastung und Stress spielen eine große Rolle im Zusammenhang mit beginnenden psychischen Erkrankungen. Allein reichen diese Faktoren jedoch nicht aus, um die Entstehung einer Erkrankung zu erklären. Viele Menschen sind großen Belastungen ausgesetzt, ohne dass sie eine Erkrankung bekommen. Andere hingegen werden auch schon nach leichter Belastung krank.

> **!** Es müssen Belastung einerseits und eine Anfälligkeit für eine bestimmte Erkrankung andererseits zusammenkommen, bevor jemand psychisch erkrankt. Andere Worte für Anfälligkeit sind Erkrankungsbereitschaft, Disposition, Vulnerabilität oder Verletzlichkeit.

Als Folge erhöhter Anfälligkeit kann ein Mensch Belastungen nicht mehr so gut standhalten und ist deshalb weniger belastbar. Wir gehen davon aus, dass diese Belastbarkeit bei Menschen unterschiedlich und auch nicht immer gleich hoch ist. Es gibt also

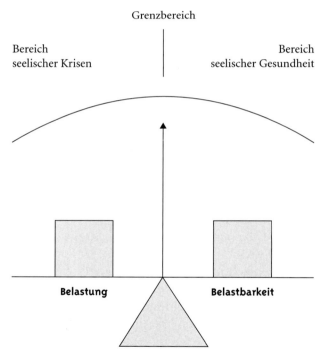

Abbildung 2. Das Waage-Modell der seelischen Gesundheit (nach Kieserg, A. & Hornung, W.P., 1996, Psychoedukatives Training, 2. Aufl., Tübingen: DGVT)

Menschen, die belastbarer sind als andere. Und es gibt Zeiten oder Lebensphasen, in denen ein einzelner Mensch belastbarer ist als zu anderen Zeiten. Wissenschaftler und Therapeuten haben ein „Modell" der Erkrankung und stellen sich das seelische Befinden von Menschen als Waage vor. Wir können uns das seelische Befinden so denken, dass in der einen Waagschale die Belastbarkeit liegt, in der anderen die Belastung (Abb. 2).

Im besten Fall wiegt die Belastbarkeit schwerer als die Belastungen. Dann nämlich ist man seinen aktuellen Belastungen gewachsen, und wir sprechen von Gesundheit. Wiegen beide Bereiche gleich schwer, ist die persönliche Grenze erreicht! Es treten Beschwerden auf, die zur Krankheit werden, sobald die Belastungen schwerer wiegen als die Belastbarkeit. Bei der linken Waagschale in Abbildung 2 geht es um das Gewicht der Belastung. Nicht jede Belastung führt dazu, einen Menschen aus dem Gleichgewicht zu bringen. Das hängt davon ab, wie schwer die beiden Gewichte sind. Wer sehr belastbar ist, kann größere Belastungen aushalten oder bewältigen. Wer wenig belastbar ist, kommt schon durch kleine Belastungen aus dem Gleichgewicht.

> **!** Voraussetzung für seelische Gesundheit ist die Ausgewogenheit zwischen aktuellen Belastungen und aktueller Belastbarkeit.

Es kommt immer auf den Zusammenhang zwischen Belastung und Belastbarkeit an. Bezogen auf unsere körperlichen Möglichkeiten und Grenzen ist das leicht nachvollziehbar: Sie können z.b. genauso schnell laufen, wie Sie körperlich fit sind. Wer untrainiert ist, kommt nicht weit. Im Bereich unserer seelischen Möglichkeiten und Grenzen ist das genauso. Ein Mensch wird unter zwei Bedingungen aus dem Gleichgewicht gebracht:
▶ wenn sich Belastungen häufen (Abb. 3)
▶ wenn die Belastbarkeit abnimmt (Abb. 4).

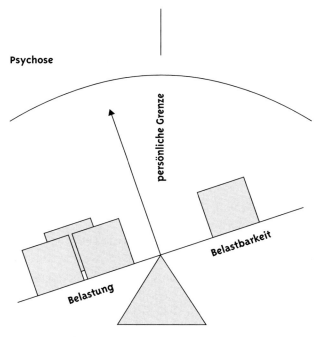

Abbildung 3. Zu große Belastung: Kommen viele Belastungsfaktoren zusammen, kann eine Psychose ausgelöst werden, auch wenn die Belastbarkeit unverändert ist (nach Kieserg & Hornung, 1996, a.a.O.)

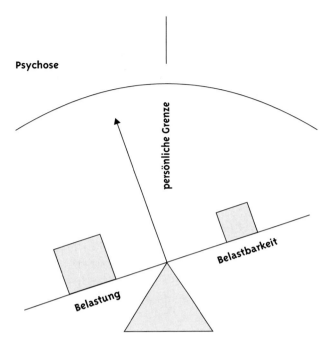

Abbildung 4. Geringe Belastbarkeit: Ist die Belastbarkeit in einer Lebensphase gering, kann es auch ohne außergewöhnliche Belastung zur Psychose kommen (nach Kieserg & Hornung, 1996, a.a.O.)

Die Frage nach den Ursachen der Erkrankung führt damit zu einer weiteren Frage: Was sind die Gründe für geringe Belastbarkeit bzw. für die Verletzlichkeit? Hierzu gibt es seit vielen Jahren intensive Forschungsbemühungen. Letztlich ist die Ursache für schizophrene Erkrankungen jedoch unbekannt. Aber es finden sich doch viele Hinweise für die Annahme, dass biologische, psychologische und soziale Aspekte zusammenkommen müssen, damit Symptome psychotischer Episoden auftreten. Darüber sollen Sie in den nächsten Abschnitten etwas mehr erfahren.

4.2　Gibt es ein familiäres Risiko?

Biologische Faktoren haben bei schizophrenen Erkrankungen eine große Bedeutung. Wenn die Erkrankung bereits in der Familie vorgekommen ist, ist das Krankheitsrisiko größer. Generell beträgt das Risiko, mindestens einmal im Leben an einer Psychose zu erkranken, 1 %. Das bedeutet, dass von 100 Menschen einer erkrankt. In einer Stadt mit 75.000 Einwohnern erkranken somit durchschnittlich 750 Personen mindestens einmal im Leben an einer Psychose. In einer Großstadt von 600.000 Menschen sind es 6.000, bezogen auf ganz Deutschland mit seinen 80.000.000 Einwohnern sind es 800.000 Betroffene.

Jeder kann von dieser Erkrankung betroffen sein. Alle Bevölkerungsschichten, beide Geschlechter, alle Kulturen und Länder sind in gleicher Weise dem Erkrankungsrisiko ausgesetzt. Ein wichtiger Befund ist, dass das individuelle Erkrankungsrisiko zunimmt, je enger die Verwandtschaft zu einer erkrankten Person ist:

► Wenn entweder Vater oder Mutter an einer Psychose erkrankt sind, beträgt das Risiko 13 %.
► Wenn beide Eltern erkrankt sind, erhöht sich das Risiko auf 46 %.
► Ist von den Großeltern eine Person erkrankt, beträgt das Risiko 5 %.
► Bei *zweieiigen* Zwillingen gilt: Ist ein Zwilling erkrankt, wächst das Risiko des anderen von 1 % auf 17 %.
► Bei *eineiigen* Zwillingen, die ein völlig identisches Erbgut besitzen, tritt die Erkrankung nur in knapp der Hälfte der Fälle (48 %) bei beiden Zwillingen auf.

Die Tatsache, dass selbst bei vollständiger Übereinstimmung des Erbgutes (bei Eineiigkeit) das Risiko für den nicht erkrankten eineiigen Zwilling bei 50 % liegt, bedeutet, dass schizophrene Psychosen keine Erbkrankheit sind. Eine Erkrankung von Angehörigen eines Betroffenen ist nicht zwangsläufig. Im Gegenteil:

Das Ausbleiben einer Erkrankung ist viel wahrscheinlicher als ihr Auftreten.

Jedoch wird die Wahrscheinlichkeit einer Erkrankung mit zunehmender familiärer Nähe zu einem Erkrankten größer. Das bedeutet, dass erbliche Faktoren beteiligt sind und zur Entstehung der Erkrankung beitragen. Sie können zwar allein die Erkrankung nicht erklären, können aber auch nicht wegdiskutiert werden. Unter anderem daraus ist zu schließen, dass schizophrene Erkrankungen nicht nur durch biologische Faktoren, sondern auch durch andere Faktoren verursacht werden. Ein einzelner Faktor reicht zur Erklärung nicht aus.

! Wir haben häufig mit Betroffenen über die oben aufgeführten Zahlen diskutiert. Die meisten haben sie einfach zur Kenntnis genommen und ihnen keine große Bedeutung beigemessen. Der wichtigste Punkt war für viele, dass die Erkrankung doch so weit verbreitet ist und dass so viele Menschen erkrankt sind. Das empfanden sie als entlastend.

Eigener Kinderwunsch. Manche Betroffenen überlegen, was die genannten Zahlen für die Frage des Kinderwunsches bedeuten. Ist zu befürchten, dass auch die eigenen Kinder erkranken, und sollte ein Betroffener deshalb darauf verzichten, Kinder zu bekommen? Antworten auf diese Fragen können Sie als Betroffener nur ganz persönlich finden. Als Entscheidungshilfe können Sie hier Folgendes entnehmen: Ihre Kinder haben ein Risiko von 13 % für das Auftreten einer schizophrenen Erkrankung, wenn Ihr Partner nicht erkrankt ist. Das ist ein gegenüber der Allgemeinbevölkerung 13fach höheres Risiko (das dort bei 1 % liegt). Dennoch ist die Wahrscheinlichkeit, dass *keine* Erkrankung auftritt, immer noch viel größer. Wie denken Sie darüber?

Krankheiten sind nicht gerecht verteilt. Auch mit Angehörigen haben wir viele intensive Diskussionen zu diesen Fragen erlebt. Wie denken Sie als Angehöriger eines Betroffenen darüber? Die

Vorstellung, dass in Ihrer Familie eine Disposition für schizophrene Psychosen weitergegeben wird, ist möglicherweise bedrückend für Sie. Es drängen sich dann verschiedene Fragen auf: Kam solch eine Erkrankung in früheren Generationen schon einmal vor? Ist zu befürchten, dass weitere Familienmitglieder erkranken? Ist etwas mit der Familie grundsätzlich nicht in Ordnung? In Angehörigengruppen können Sie einen Ort finden, hierüber zu diskutieren (s.a. Kap. 8.2 und 10.2). Von den Erfahrungen in solchen Gruppen möchten wir hier folgende Gedanken weitergeben:

► Krankheiten gehören zum menschlichen Leben dazu.
► Wir sind keine „perfekten" Wesen, wir sind verletzlich.
► Krankheiten sind nicht gerecht verteilt. Die einen trifft es mehr als die anderen. Auch dies ist eine Gegebenheit menschlichen Lebens.
► Dafür, dass eine Erkrankung auftritt, hat man keine Schuld. (Dem Thema „Schuld" werden wir uns in Kap. 8 ausführlich widmen.)
► Krankheiten treten schicksalhaft auf und müssen hingenommen werden.

4.3   Die Dopamin-Hypothese

Eine wichtige Forschungsrichtung hat sich ergeben, nachdem antipsychotisch wirksame Medikamente entdeckt wurden. Diese Medikamente wurden zufällig entdeckt, sie wurden nicht aufgrund von Ursachenhypothesen entwickelt. Nachdem aber wirksame Medikamente vorhanden waren, wurde untersucht, auf welche Weise sie wirken. Eine wichtige Erkenntnis war, dass Antipsychotika dadurch in die Funktionsweise des Gehirns eingreifen, dass sie den Austausch des Botenstoffs Dopamin verändern. Dies wollen wir Ihnen näher erläutern (Abb. 5).

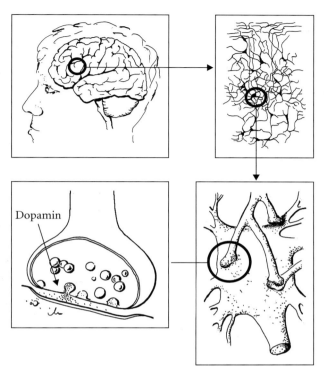

Abbildung 5. Hirnstoffwechsel: An den Verbindungsstellen der Nervenzellen wird die Information mit Hilfe chemischer Botenstoffe weitergegeben. Einer dieser Botenstoffe heißt Dopamin

Informationen werden in unserem Gehirn dadurch verarbeitet, dass die Nervenzellen Signale von Sinneszellen aufnehmen, mit früheren Erfahrungen abgleichen, passende Bewertungs- und Bewegungsmuster aktivieren und dann unsere Muskeln bei der Ausführung von Handlungen koordinieren. Das Gehirn besteht aus einem dichten Netz von Nervenzellen. Die Nervenzellen haben eine sehr hohe Zahl an Verbindungsstellen untereinander: die Synapsen. An diesen Verbindungsstellen werden die Nervenimpulse dadurch weitergeleitet, dass Botenstoffe, so genannte Neurotransmitter, freigesetzt werden. Einer dieser Botenstoffe,

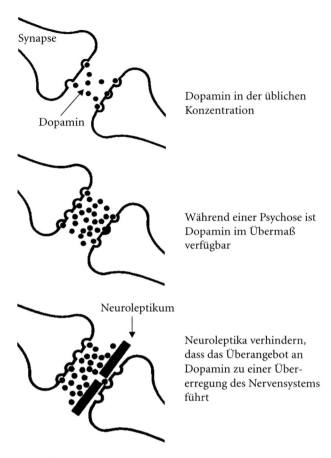

Synapse

Dopamin

Dopamin in der üblichen Konzentration

Während einer Psychose ist Dopamin im Übermaß verfügbar

Neuroleptikum

Neuroleptika verhindern, dass das Überangebot an Dopamin zu einer Übererregung des Nervensystems führt

Abbildung 6. Überaktivität des Nervensystems während einer Psychose

das Dopamin, spielt im Rahmen von schizophrenen Erkrankungen eine wichtige Rolle (Abb. 6).

Man geht davon aus, dass während der akuten Phase einer schizophrenen Erkrankung die Konzentration des Dopamins erhöht ist. Wie es dazu kommt, ist noch nicht letztlich geklärt. Die Wirkung der antipsychotischen Medikamente kann man sich so vorstellen, dass diese Substanzen an der nächsten („nachgeordneten") Nervenzelle eine Art Schutzwall errichten und verhindern, dass das viele Dopamin zu einer Übererregung führt.

Die Dopamin-Hypothese der schizophrenen Erkrankungen vermutet also – begründet –, dass bei akuten schizophrenen Erkrankungen eine Überaktivität des Botenstoffs Dopamin anzutreffen ist, der für die Symptome der Erkrankung (vor allem für wahnhafte Überzeugungen und Sinnestäuschungen) verantwortlich ist. Wie gesagt, es ist nicht geklärt, wie es zu dieser Überaktivierung kommt. Aber diese Überaktivierung lässt sich durch die Antipsychotika erfolgreich reduzieren – entsprechend werden die Symptome reduziert.

Sie haben in diesem Abschnitt eine Vorstellung davon bekommen, wie Antipsychotika wirken und auf welche Weise sie bei der Bewältigung Ihrer Beschwerden hilfreich sein können. Darauf kommen wir in einem späteren Kapitel zurück (Kap. 5.3). In Diskussionen mit Betroffenen tauchen oft zwei Gesprächsthemen auf – das eine eher entlastend, das andere eher beunruhigend.

Entlastung. Die Tatsache, dass psychische Beschwerden auf körperliche, neurobiologische Grundlagen zurückgeführt werden können, kann entlastend sein. Sie leiden an einer Erkrankung (dazu unten mehr; Kap. 4.6 und 4.7). Diese Erkrankung ist für Ihre Beschwerden verantwortlich. Sie haben nichts falsch gemacht und können nichts dafür, dass die Erkrankung bei Ihnen auftritt. Sie können und sollten jedoch mit dieser Erkrankung so umgehen wie mit anderen länger andauernden (körperlichen) Erkrankungen auch.

Beunruhigung. Die Tatsache, dass die Erkrankung Ihr Gehirn betrifft, ist vermutlich beunruhigend für Sie. Unser Gehirn ist so eng mit uns als Person verknüpft, dass fast alle Betroffenen sich dafür schämen. Und sie bekommen Angst vor den Folgen. Es ist etwas anderes, sich ein Bein zu brechen, als an einer Gehirnerkrankung zu leiden. Vielleicht helfen Ihnen die Informationen in diesem Buch sowie Gespräche mit Fachleuten und Betroffenen dabei, dieser Beunruhigung zu begegnen und besser einzuschätzen, in welcher Hinsicht Ihre Erkrankung Ihr Leben verändert und welche Aspekte des Lebens *nicht* berührt sind.

Wir haben Ihnen nun zwei Aspekte vorgestellt, die dafür sprechen, dass biologische Faktoren eine wichtige Rolle bei der Verursachung schizophrener Erkrankungen spielen. Es gibt noch weitere Hinweise dafür, die wir hier nicht näher beschrieben haben. Wir wollen hier keine vollständige Beschreibung der wissenschaftlichen Ursachenforschung geben. Aber wir wollen Ihnen begründen, warum wir davon überzeugt sind, dass biologische Aspekte eine große Bedeutung für schizophrene Erkrankungen haben.

4.4   Haben die Eltern „Schuld" an der Erkrankung?

Immer wieder wird gefragt, ob nicht falsches Erziehungsverhalten der Eltern ursächlich zur Entstehung schizophrener Erkrankungen beitragen kann. Hierzu wurden verschiedene Vermutungen vorgetragen, teilweise mit großer Überzeugung, z.B. war die Rede von widersprüchlichem oder emotional unterkühltem Elternverhalten. Bis heute ist jedoch keinerlei Beweis dafür erbracht, dass Verhaltensweisen von Eltern für die Verursachung von schizophrenen Erkrankungen verantwortlich sind.

> **!** Egal, welches problematische Erziehungsverhalten näher betrachtet wird, es gibt immer Kinder, die solch einem Verhalten der Eltern ausgesetzt waren, ohne später eine schizophrene Erkrankung entwickelt zu haben.

Nach dem aktuellen Stand der Forschung ist davon auszugehen, dass biologische Faktoren für die Verursachung schizophrener Erkrankungen zentral sind und dass ohne das Vorliegen solcher Faktoren eine Erkrankung sehr unwahrscheinlich ist. Insofern ist es vermessen und in keiner Weise gerechtfertigt, wenn jemand behauptet, die Eltern seien „schuld" an der Erkrankung, da sie so vieles falsch gemacht hätten. „Schuld" im Sinne von Verantwortlichkeit für die Verursachung der Erkrankung haben die Eltern nicht.

Jenseits der Frage nach der Schuld ist aus unserer Sicht jedoch zu sagen, dass all das, was für die Entwicklung von Kindern förderlich ist, vermutlich auch die Wahrscheinlichkeit des Auftretens psychischer Erkrankungen reduziert. Dabei handelt es sich dann jedoch um allgemeine Faktoren, die nicht die Verursachung einer bestimmten Erkrankung betreffen. Es ist förderlich für Kinder, wenn sie in einer Familie aufwachsen und geliebt werden, wenn sie Eltern haben, die sich um sie kümmern. Es ist weniger förderlich, wenn der Vater oder die Mutter alkoholabhängig ist, wenn es nur Streit zu Hause gibt, wenn Kinder bei wechselnden Pflegefamilien aufwachsen. In diesem Sinne können sich Eltern immer fragen, ob alles in der Entwicklung der Kinder gut lief. Dies ist jedoch eine ganz andere Frage als die nach der Verursachung schizophrener Erkrankungen durch elterlichen Einfluss.

Ein Beispiel. Ein junger Patient beschwert sich in der Behandlung oft über seinen Vater. Dieser habe seinen Beruf über alles andere gestellt, nie Zeit gehabt, ihn (den Sohn) aber immer unter Druck gesetzt, dass er auch optimale Leistungen in Schule und Ausbildung bringe. Unterstützung und Halt habe er durch den Vater nie erfahren. *Kommentar:* Viele junge Männer werden so über ihren Vater sprechen und trotzdem nicht an einer schizophrenen Psychose erkranken. Hat jedoch ein junger Mensch eine entsprechende Verletzlichkeit (Vulnerabilität), so kann dieses Verhalten des Vaters ein zusätzlicher Belastungsfaktor sein, der zwar nicht ursächlich ist, die Gesamtsituation aber auch nicht begünstigt.

4.5 Was löst Rückfälle aus?

Die Ursachen der Erkrankung und die Gründe für das Auftreten eines Rückfalls sind nicht bei allen Betroffenen gleich. Bei der Auslösung von Rückfällen spielt das Verhältnis von Belastung zu Belastbarkeit eine wichtige Rolle (Kap. 4.1). **Belastung.** Häufig geht Rückfällen eine Phase der Überforderung voraus, die individuell ganz unterschiedlich aussehen kann. Ein Übermaß an Belastung entsteht z.b., wenn sich ein Betroffener nach einer akuten Phase zu schnell wieder zu viel Arbeit aufbürdet – häufig im Zusammenhang mit der Sorge, den Arbeitsplatz zu verlieren. Oft kommen auch einfach die Ruhezeiten zu kurz, und es fehlen entspannende Aktivitäten. Auch ein unregelmäßiger Tagesablauf ist oft schädlich. Manche Überlastung entsteht aus ungeklärten Konflikten mit den Mitbewohnern oder in der Familie. **Belastbarkeit.** Die Belastbarkeit wird u.a. durch folgende Aspekte beeinflusst: Die antipsychotische Medikation erhöht die Belastbarkeit. Wird sie zu früh abgesetzt, kann ein Betroffener möglicherweise nicht mehr das gleiche Ausmaß an Belastung verkraften wie während der Einnahme der Medikation. Alkohol und Drogen senken ebenfalls die Belastbarkeit. Erhöhter Konsum geht oft einem Rückfall voraus. Regelmäßiger Tagesablauf und regelmäßige entspannende Aktivität können die Belastbarkeit fördern. **Aus Rückfällen lernen.** Sollten Sie als Betroffener bereits einen Rückfall erlitten haben, ist es sehr wertvoll, sich die Zeit zu nehmen, um nach den Auslösern für den Rückfall zu suchen (s.a. Anhang Arbeitsblatt 4). Es ist wichtig, aus Rückfällen zu lernen. Wenn Sie die Auslöser kennen, die bei Ihnen eine Rolle spielen, können Sie die Wahrscheinlichkeit für weitere Rückfälle senken. Darauf werden wir in Kapitel 6 im Detail eingehen.

4.6 Handelt es sich um eine Erkrankung?

Schon oft haben wir in diesem Buch davon gesprochen, dass schizophrene Psychosen eine Erkrankung darstellen. Wir möchten Ihnen nun darlegen, warum wir von einer Erkrankung sprechen und warum uns das wichtig ist.

Mehr als ein Alltagsproblem. Betroffene erleben eine einschneidende Veränderung, die über das Maß alltäglicher Probleme hinausgeht. Mit dem Wort Erkrankung bringen wir zum Ausdruck, dass es hier um eine ernste seelische Krise geht. Spricht man „nur" von Problemen, kann sich darin auch verbergen, die Veränderungen nicht ernst genug zu nehmen.

Verhaltensänderung nötig. Die Symptome sind unserer Auffassung nach durch belastende Erlebnisse allein nicht ausreichend erklärt. Bei körperlichen Erkrankungen wie Diabetes („Zuckerkrankheit") sagt man auch nicht nur, dass man keine Torte verträgt. Spricht man dagegen von „Zuckerkrankheit", so verweist man auf grundlegende körperliche Veränderungen und macht sich klar, dass längerfristige Verhaltensänderungen erforderlich sind. Dies gilt auch für schizophrene Psychosen. Hier besteht – wie oben beschrieben – eine Verletzlichkeit, die biologische und psychologische Ursachen hat und die Sie bei der weiteren Lebensgestaltung berücksichtigen sollten.

Behandlung ist notwendig. Das Wort „Erkrankung" macht deutlich, dass Behandlung notwendig ist. Es gibt nur eine kleine Gruppe von Patienten, bei denen diese Beschwerden ohne Behandlung wieder abklingen. Bei körperlichen Erkrankungen würden Sie vermutlich auch alle Behandlungsangebote in Anspruch nehmen, die Ihnen helfen können.

Achtung, mögliches Missverständnis! Einem Missverständnis möchten wir noch vorbeugen. Wenn wir von Erkrankung sprechen, bedeutet das für uns in keiner Weise, Ihre Erlebnisse und Erfahrungen nicht ernst zu nehmen oder abzutun. Wir hoffen, dass dies schon im bisherigen Text deutlich geworden ist. Ihre Erfahrungen sind aber der Ausgangspunkt für das Nachdenken darüber, wie es zu diesen Erfahrungen kam und was Sie dafür tun können, Ihre Ziele im Leben zu erreichen.

4.7 Wie man die Krankheit bezeichnet

Psychose und psychotische Episode. In Kapitel 2 haben wir den Begriff der psychotischen Episode verwendet. Dies ist eine geeignete Bezeichnung für eine einzelne, akute Krankheitsphase, deren Vorgeschichte noch nicht näher bekannt ist und deren weiterer Verlauf noch offen ist. Wir sprechen von einer Psychose, wenn jemand den Realitätsgehalt von Einstellungen und Überzeugungen nicht mehr anhand von Erfahrungen und Tatsachen überprüfen kann. In Kapitel 3 und 4 konnten Sie typische Verlaufsformen und Ursachenfaktoren dieser Krankheit kennen lernen.

Schizophrenie und schizophrene Psychose. Als Nächstes wollen wir nun die Krankheitsbezeichnung Schizophrenie oder schizophrene Psychose verständlich machen: Darunter wird eine psychische Erkrankung verstanden,

▶ die einen langfristigen Verlauf hat
▶ die sich typischerweise im jungen Erwachsenenalter entwickelt
▶ die zu einer oder mehreren psychotischen Episoden führt
▶ die in psychotischen Episoden häufig wahnhafte Überzeugungen und Sinnestäuschungen mit sich bringt
▶ bei der oft noch Beeinträchtigungen des Denkens und der Konzentration hinzukommen, die dann zu Schwierigkeiten im beruflichen Bereich führen können.

Zwischen den Episoden können stabile Phasen oder Phasen leichterer Beeinträchtigung vorkommen. Die Auslösung der ersten oder auch der weiteren Episoden hängt – neben biologischen Faktoren – auch von der Lebensführung und der aktuellen Belastung ab, der die Betroffenen ausgesetzt sind. Die Krankheitsbezeichnung Schizophrenie bedeutet wörtlich „gespaltenes

Bewusstsein" (*nicht:* gespaltene Persönlichkeit). Damit soll zum Ausdruck gebracht werden, dass im Rahmen dieser Erkrankung beeinträchtigtes und unbeeinträchtigtes Empfinden und Handeln nebeneinander bestehen können. Ein Betroffener kann z.b. seiner Arbeit nachgehen und hat gleichzeitig die Befürchtung, Opfer einer Verschwörung zu sein. Ein anderer kann viel Zeit mit den Angehörigen verbringen und ist doch der Überzeugung, diese wollten ihn seiner besonderen Fähigkeiten berauben (z.b. ihre Gedanken lesen zu können). Die Krankheit betrifft zumeist nicht alle Lebensbereiche.

Missverständlicher Sprachgebrauch. Die Krankheitsbezeichnung Schizophrenie hat nichts mit z.B. der Beschimpfung von Diskussionspartnern in einer Talkshow zu tun. Dort heißt es oft, „das ist schizophren", wenn man darauf hinweisen möchte, dass sich jemand vermeintlich selbst widerspricht. Diese alltägliche Verwendung schadet einem sachlichen Verständnis der Erkrankung.

Viele Formen. Die Schizophrenie ist keine einheitliche Erkrankung. Es gibt ganz unterschiedliche Erscheinungsformen und Krankheitsverläufe. Auch die vermuteten Ursachen sind ganz unterschiedlich. Deshalb wird von den Schizophrenien oder dem schizophrenen Formenkreis gesprochen.

Von besonderer Bedeutung ist, dass mit dem Begriff der Schizophrenie lange Zeit die Annahme verknüpft wurde, dass ein Betroffener nicht heilbar sei. Man ging davon aus, dass Betroffene nie wieder ein normales Leben führen könnten und dauerhaft in Kliniken untergebracht werden müssten. Dies hat sich als falsch erwiesen. Heute gibt es Behandlungsmöglichkeiten, die Betroffenen eine gute Chance eröffnen, wieder selbständig zu leben und einer Arbeit nachgehen zu können.

Und jetzt Sie: Was denken Sie über diese Informationen? Überlegen Sie, ob Sie die Zusammenhänge verstanden haben – ansonsten lesen Sie den Abschnitt doch einfach noch mal.

▶

Stellen Sie sich ein Gespräch mit einem Freund vor. Suchen Sie Worte, um ihm zu erklären, was eine schizophrene Psychose ist.

4.8 Entgegnungen auf häufige Missverständnisse

Häufig hören wir in Gesprächen Aussagen über schizophrene Psychosen, die mit großer Überzeugung behauptet werden, aber trotzdem nicht zutreffend sind. Es folgt eine Auswahl solcher Aussagen, die falsch sind.

Schizophrenien sind durch Stress verursacht. **Falsch!**

Aber: Stress und Belastungen sind wichtige Auslöser von psychotischen Episoden. Auch wenn Belastungen nicht ursächlich sind, haben sie doch eine große Bedeutung für die Art des Krankheitsverlaufs.

Menschen, die eine schizophrene Erkrankung haben, sind gewalttätig. **Falsch!**

Es kommen zwar gelegentlich spektakuläre Straftaten von Menschen mit schizophrenen Psychosen vor, es gibt aber keine Hinweise dafür, dass Gewaltbereitschaft unter Betroffenen größer ist als in der übrigen Bevölkerung.

Schizophrenien sind durch ungünstige frühkindliche Erfahrungen verursacht. **Falsch!**

Frühkindliche Erfahrungen nehmen Einfluss auf die Entwicklung eines Menschen. Es gibt aber keine Belege für die Behauptung, dass bestimmte Arten frühkindlicher Erfahrungen ursächlich für die Entstehung von Schizophrenien sind. Insofern ist es auch nicht gerechtfertigt, den Eltern die Schuld für die Erkrankung zuzuschreiben.

Die Beschwerden werden von allein wieder besser. Falsch!

Viele Studien zum Verlauf schizophrener Erkrankungen zeigen, dass Behandlungsmaßnahmen zur Erlangung von Symptomfreiheit unverzichtbar sind. Der Krankheitsverlauf war vor Einführung antipsychotisch wirksamer Medikamente schlechter.

Betroffene haben keinen Einfluss auf ihre Krankheit. Falsch!

Es gibt mehrere Ansatzpunkte für die Behandlung. Wichtig ist, die Lebensführung in den ersten Jahren nach einer akuten Episode so einzurichten, dass keine Überlastung auftritt. Zu viele Aktivitäten sind dabei ebenso schädlich wie zu wenige. Es kommt immer darauf an, das Ausmaß an Belastung dem Ausmaß der Belastbarkeit anzupassen (dazu mehr in den Kap. 5 bis 9).

5   Eckpfeiler der Behandlung

Psychotische Episoden können dann auftreten, wenn ein Mensch mit einer bestehenden Verletzlichkeit (und damit einer geringen Belastbarkeit) Belastungen ausgesetzt ist, mit denen er nicht gut fertig wird. Dieses Krankheitsverständnis führt zu folgenden Zielsetzungen in der Behandlung: (1) Belastung reduzieren, (2) Belastbarkeit erhöhen, (3) Rückfällen vorbeugen.

Belastung reduzieren. Zunächst kommt es im Rahmen der Akutphase der Erkrankung darauf an, Belastung zu reduzieren. Dazu gehören (meist) die stationäre Aufnahme und die Krankschreibung, die die Betroffenen und die Angehörigen entlasten sollen. Durch Medikamente ist es möglich, übergroße Anspannung zu reduzieren und sich leichter von den aufgetretenen Problemen distanzieren zu können (in Kap. 5.3 erfahren Sie mehr zur Medikamenteneinnahme). Medikamente geben die Chance, die Situation in Ruhe zu überdenken. Das wird durch therapeutische Gespräche mit den Betroffenen wie auch mit ihren Angehörigen unterstützt.

Belastbarkeit erhöhen. In einem zweiten Schritt geht es darum, die Belastbarkeit wieder zu erhöhen. Im Krankenhaus werden stufenweise mehr Anforderungen an den Patienten gestellt, die Entlassung wird vorbereitet. Das Durchhaltevermögen wird trainiert und in verschiedenen Therapieangeboten erprobt. Zu Hause baut man dann die Alltagsroutine wieder auf und versucht, sie aufrechtzuerhalten – eine Voraussetzung, um anschließend die Belastung wieder steigern zu können. Den meisten Patienten ist es wichtig, die Arbeitsleistung zu steigern und sich wieder den beruflichen oder ausbildungsbedingten Anforderungen zu stellen. Wichtig ist, zum jeweils richtigen Zeitpunkt die richtige Belastung zu finden.

Rückfällen vorbeugen. Dabei ist es von besonderer Bedeutung, Rückfällen vorzubeugen und mit anhaltenden Symptomen fertig zu werden. Auch hier spielen sowohl Medikamente eine Rolle als auch psychotherapeutische Gespräche, in denen man lernt, das jeweils richtige Maß an Belastung zu finden und mit anhaltenden Symptomen anders umzugehen.

5.1 Ihr Beitrag als Patient

Sie sind für sich selbst verantwortlich

Schon eingangs haben wir Ihnen folgenden Satz zugemutet: Sie sind für sich selbst verantwortlich. Ob Sie eine Behandlung in Anspruch nehmen wollen oder nicht, ist Ihre persönliche Ent-

scheidung. Therapeuten wollen Sie unterstützen, mit Ihrer Erkrankung zurechtzukommen. Sie können Ihnen Behandlungsmaßnahmen anbieten, die zur Verringerung der Beschwerden und zur langfristigen Stabilisierung helfen können – dafür gibt es Nachweise. Alles, was Therapeuten tun, können Sie auch selbst bewerten: Wenn es Ihnen hilft, ist es gut. Es geht um Ihre Gesundheit.

Zu der Verantwortung sich selbst gegenüber gehört allerdings auch die Aufgabe, nicht nur kurzfristige Vor- und Nachteile der Behandlungsmaßnahmen zu beurteilen, sondern auch die langfristige Lebensplanung im Auge zu behalten. Wie oben beschrieben, bringen psychotische Erkrankungen das Risiko mit sich, sehr langfristig zu Beschwerden und Einschränkungen zu führen. Ohne Behandlung wird die Lebenssituation in der Regel nicht besser. Es geht nicht nur darum, was für heute oder die nächste Woche das Beste ist, sondern vor allem um das, was dazu beiträgt, dass Sie langfristig Ihrer Lebensplanung nachgehen können. Wichtige langfristige Ziele, die durch schizophrene Erkrankungen oft gefährdet sind, sind z.B.

▶ die Schule oder eine Ausbildung abschließen
▶ den Beruf zufrieden stellend ausüben können
▶ mit den Angehörigen gut klarkommen.

Und jetzt Sie: Bitte überlegen Sie: Was spricht aus Ihrer Sicht für und was gegen die Behandlungsmaßnahmen, die Ihnen empfohlen wurden?

Die langfristigen Ziele sind besonders wichtig bei der Entscheidung für Behandlungsmaßnahmen. Jeder Aspekt der Behandlung (stationäre oder ambulante Behandlung, Medikation, Psychotherapie, weitere Betreuungsmaßnahmen) baut auf Ihrer Entscheidung auf. Wenn Sie zu dem Ergebnis kommen, dass Sie keine weitere Behandlung in Anspruch nehmen wollen, erlauben wir uns folgenden Rat: Führen Sie mit den für Ihre Behandlung zuständigen Ärzten und Therapeuten sowie mit Angehörigen und Freunden hierüber ein Gespräch. Das kann Ihnen helfen zu prüfen, ob Sie mit Ihrer Entscheidung, die Behandlung zu beenden, Ihrer Verantwortung für sich selbst gerecht würden. **Sie sind gefragt.** Wenn Sie sich entscheiden, eine Behandlung in Anspruch zu nehmen, bedenken Sie bitte, dass Ihre Mitarbeit notwendig ist. Es gibt keine Behandlung, die ohne Ihr Zutun erfolgreich sein kann. Ihre Therapeuten haben die Verantwortung, die für Sie optimale Behandlung auszuwählen und Ihnen anzubieten. Sie selbst tragen die Verantwortung, das für Sie Beste aus den Angeboten zu machen. Falls Probleme auftauchen oder Maßnahmen bei Ihnen nicht zum Erfolg beitragen: Sprechen Sie dies an! Tragen Sie Ihre Bedenken vor! Ihre Therapeuten sind dann wiederum verantwortlich dafür, Ihre Bedenken ernst zu nehmen, darauf einzugehen und ggf. Alternativen mit Ihnen zu besprechen.

Lernen Sie von sich!

Jeder Mensch geht anders mit Belastungen um und ist in unterschiedlichem Ausmaß belastbar. Wenn Sie dauerhaft stabil sein wollen, ist es wichtig, dass Sie Ihre persönlichen Möglichkeiten und Grenzen kennen lernen. Das erfordert ständig Ihre innere Achtsamkeit. Sie mögen erwidern, dass das doch selbstverständlich sei. Die psychische Auseinandersetzung mit sich und seiner Umwelt, seinen Möglichkeiten und Grenzen laufe doch automatisch ab. Das kann schon sein, und vielleicht war es auch bei Ihnen einmal so. Das hat sich aber mit der Verunsicherung durch die Erfahrung einer Psychose auch geändert. Die alte Selbstverständlichkeit hat sich nicht bewährt und hat Sie nicht vor der Erkrankung bewahrt. Es ist deshalb lohnenswert, dass Sie sich in Ihrer jetzigen Situation besser verstehen lernen. Wollen Sie aktiv in der Behandlung mitarbeiten, ist es eine wichtige Voraussetzung, dass Sie sowohl über die bei Ihnen aufgetretenen und evtl. bestehenden Beschwerden als auch über die Behandlungsmaßnahmen gut Bescheid wissen.

Strukturiertes Tagebuch. Viele Betroffene haben mit einem so genannten strukturierten Tagebuch gute Erfahrungen gemacht – das wollen wir Ihnen nun vorstellen (Sie finden es hinten im Anhang des Buches als Arbeitsblatt 1). So ein Tagebuch ist ein wichtiger erster Schritt, eine aktive Rolle in der Behandlung einzunehmen – und Sie werden sehen: Der erforderliche Aufwand ist begrenzt. Es heißt deshalb „strukturiertes" Tagebuch, weil es festgelegte Abschnitte hat, in die täglich Eintragungen gemacht werden sollen:

▶ *Ereignisse:* In dieser Zeile werden Ereignisse des Tages eintragen, z.b. Begegnungen, Konflikte, Aktivitäten, Probleme oder Erfolge.

▶ *Belastungen:* Hier notieren Sie, was Sie an diesem Tag belastet hat, worüber Sie sich Sorgen gemacht haben oder was Sie gestört hat.

▶ *Symptome:* Symptome können neu auftreten, noch vorhandene Symptome können stärker werden, sich verändern oder zurückgehen. Wenn dies bei Ihnen der Fall ist, ist es wichtig, dies aufzuschreiben – Sie wissen dann auch nach Tagen noch über den Verlauf dieser Symptome genau Bescheid.

▶ Ihre *Befindlichkeit* an diesem Tag: Mit Hilfe von Zahlen lässt sich gut angeben, wie gut Sie sich insgesamt gefühlt haben (1 = sehr schlecht, 2 = schlecht, 3 = eher schlecht, 4 = mittel, 5 = eher gut, 6 = gut, 7 = sehr gut). Zusätzlich können Sie oberhalb der Zahlen im grauen Bereich einen Begriff wie z.b. „unruhig", „müde", „aktiv" usw. eintragen, der sich mit Zahlen nicht ausdrücken lässt.

▶ Die *Tagesdosis* Ihrer Medikamente: Im grauen Bereich der 1. Spalte wird das Medikament notiert. Täglich kann dann die Summe eines jeden Medikaments in Milligramm eingetragen werden.

▶ Die *Nebenwirkungen*, die Sie erleben: Im grauen Bereich der 1. Spalte notieren Sie die Art der Nebenwirkung. In den weißen Spalten kann für jeden Wochentag die Stärke der Nebenwirkung notiert werden (1 = leicht, 2 = mittel, 3 = stark).

Zu Beginn, wenn man ein solches Tagebuch führt, ist es hilfreich, zunächst noch einige Rahmenbedingungen festzulegen. Folgende Aspekte sind wichtig:

- ▶ *Tagebuchmappe* anlegen: Für viele Betroffene hat es sich bewährt, die Kopiervorlage, die Sie in diesem Buch vorfinden, gleich in größerer Zahl zu kopieren und in einer Mappe abzuheften. Zum Beispiel könnten Sie gleich 26 Kopien ziehen – dann haben Sie genügend Vorlagen für ein halbes Jahr.
- ▶ Die beste *Zeit* festlegen: Wann ist bei Ihrer Tagesgestaltung die beste Zeit für Eintragungen? Bei vielen Betroffenen hat sich bewährt, Eintragungen abends vorzunehmen – dann kann man den Tag gut überblicken. Wenn Sie jedoch abends z.B. zu müde sind, berücksichtigen Sie das und wählen eine andere Zeit.
- ▶ Ungestörter *Ort:* Gut ist es, wenn Sie während der wenigen Minuten, die für die Eintragungen nötig sind, ungestört sind.
- ▶ Regelmäßige *Gewohnheit:* Für die meisten wird das Tagebuchführen einfach eine Sache der Gewohnheit. Tipps gegen die Vergesslichkeit: Legen Sie das Tagebuch z.B. an Ihr Bett, und machen Sie Ihre Eintragungen vor dem Hinlegen am Abend. Oder machen Sie die Einträge nach dem Abendessen und belohnen sich anschließend mit Fernsehen oder einer anderen angenehmen Aktivität.

Der Sinn des Tagebuchs. Wir haben von vielen unserer Patienten zunächst skeptische Äußerungen über den Sinn der Tagebuchführung gehört. Möglicherweise denken Sie „Das ist zu lästig!" oder gar „Das bringt gar nichts!". Deshalb wollen wir versuchen, Ihnen den Sinn des Tagebuchs klarzumachen, damit Sie dann für sich entscheiden können.

 Das Tagebuch kann Ihnen helfen, einen Überblick über Ihre Situation zu erlangen und zu behalten.

Sie lernen über sich, wann es Ihnen besser und wann es Ihnen schlechter geht. Sie lernen sich selbst besser kennen, weil Sie mit dem Tagebuch auf Dauer besser einschätzen können, wie sich Ereignisse bei Ihnen auswirken, was Ihnen gut gelingt und wo Gesprächsbedarf besteht. Sie wissen immer genau, welche Medikamente Sie nehmen, wie hoch die Dosierung ist und wie gut Sie das Medikament vertragen. Möglicherweise lassen sich auch hier Zusammenhänge zwischen Ihrer Befindlichkeit und der Einnahme und Verträglichkeit der Medikamente erkennen. Eines unserer wesentlichen Anliegen ist, dass Sie lernen, auf sich zu achten und *Veränderungen* an Ihrem Befinden wahrzunehmen. Das ist nicht so einfach, wie es sich vielleicht anhört. Alle Menschen sind geneigt, Dinge aus Gewohnheit zu tun und möglichst wenig an der Lebensführung zu verändern.

> **!** Dadurch, dass Sie beginnen, sorgfältiger hinzuschauen, wie Sie sich in bestimmten Situationen fühlen, was Ihnen gut tut, wo Sie Erfolg oder Misserfolg haben, ermöglichen Sie es sich, Ihr Leben so zu gestalten, dass Sie stabil bleiben.

Längere Zeiträume betrachten. Möglicherweise sagen Sie über die Dinge, die im Tagebuch festgehalten werden sollen: „Das weiß ich doch alles. Wozu soll ich das aufschreiben?" Der Grund dafür, dies aufzuschreiben, liegt darin, dass sich ohne Aufzeichnungen niemand wirklich gut daran erinnern kann, was vor einigen Tagen oder gar Wochen war. Längere Zeiträume sind aber unbedingt erforderlich, um über sich zu lernen und Zusammenhänge zwischen Ereignissen bzw. Belastungen und dem eigenen Befinden zu erkennen.

Ein Beispiel: Ein Betroffener erkannte mit Hilfe des Tagebuchs, dass er sich immer am Wochenende schlechter fühlte. Zugleich hatte er sich dort im Vergleich zu Werktagen weniger Aktivitäten vorgenommen und seinen Tag kaum strukturiert. Als er dies änderte, fühlte er sich auch am Wochenende besser.

Ein anderes Beispiel: Eine Betroffene hatte eine Aushilfstätigkeit als Kellnerin. An ihrem Tagebuch erkannte sie, dass sie sich immer am Morgen nach dieser Arbeit, sonst aber an keinem Morgen, schlecht und antriebslos fühlte. Das Tagebuch sprach dafür, dass dies auf die Arbeit zurückzuführen war. Sie suchte sich eine andere Tätigkeit und hatte nunmehr keine solchen Beschwerden.

Überzeugen Sie sich selbst. Lassen Sie sich nun einmal fragen, ob etwas gegen die Tagebuchführung spricht. Der Aufwand ist begrenzt, der Nutzen möglicherweise groß. Versuchen Sie es doch einfach einmal zwei Wochen lang, und ziehen Sie dann erneut Bilanz.

> **!** Wir haben häufig erlebt, dass die Hürde, Tagebuch zu führen, groß ist. Wer aber den ersten Anlauf unternommen hat, bleibt meist ohne große Mühe dabei.

Wir machen oft die Erfahrung, dass an der Bereitschaft, das Tagebuch zu führen, oft auch die Bereitschaft abzulesen ist, ob jemand die Verantwortung für sich selbst übernimmt. Sollten Sie eine aktivere Rolle in der Behandlung übernehmen wollen und sich intensiver darum bemühen wollen, Ihre Erkrankung zu bewältigen, dann wird Ihnen das Tagebuch helfen. Wir raten Ihnen dazu. Entscheiden Sie selbst!

Sollten Sie noch skeptisch sein und dazu neigen, keinen Versuch mit dem Tagebuch unternehmen zu wollen, laden wir Sie ein, trotzdem weiterzulesen. In den nachfolgenden Kapiteln gibt es noch weitere Beispiele dafür, wofür das Tagebuch im Einzelnen verwendet werden kann. Vielleicht überzeugen Sie sich doch davon.

Lassen Sie sich helfen!
Sich helfen zu lassen oder sich anderen gar anzuvertrauen fällt vielen Menschen schwer. Manche wollen lieber ohne die Hilfe

anderer und schon gar ohne Behandlung auskommen. Wie auch immer das bei Ihnen ist, Ihre Erkrankung hat Sie in eine Situation gebracht, aus der die wenigsten Menschen allein wieder herauskommen. Es gibt viele Hilfsangebote. Diese Angebote sind genau dafür gedacht, dass Sie jetzt Unterstützung bekommen können.

5.2 Welches Hilfe-System gibt es?

Lassen Sie sich helfen. Eine psychotische Erkrankung ist keine Erkältung, die von selbst nach ein paar Tagen wieder abklingt. Behandlung ist aus unserer Sicht notwendig und umfasst verschiedene Elemente, auf die wir nachfolgend eingehen. Wenn Sie sich als Betroffener dazu entschieden haben, Hilfe in Anspruch zu nehmen, stehen je nach Bedarf verschiedene Möglichkeiten zur Auswahl.

Ambulante Behandlung

In der Regel ist ein niedergelassener Arzt, den Sie in seiner Praxis aufsuchen, der erste Ansprechpartner. Ein Hausarzt wird Sie vermutlich an einen Facharzt für Psychiatrie (andere Bezeichnungen: „Psychiater", „Nervenarzt") überweisen, wenn er klärungs- oder behandlungsbedürftige Beschwerden aus dem Bereich psychotischer Erkrankungen feststellt. Der Psychiater wird mit Ihnen im Detail über die Art der Beschwerden und ihre Vorgeschichte sprechen. Dann wird zu entscheiden sein, ob eine ambulante Behandlung möglich und sinnvoll ist oder ob eine stationäre Behandlung angezeigt ist. Stationäre Behandlungen werden nur dann vorgeschlagen, wenn ambulante Behandlungen nicht zum gewünschten Erfolg führen werden. Ein Psychiater wird Ihnen die stationäre Aufnahme nicht ohne Grund empfehlen.

Den ambulant tätigen Psychiatern kommt nicht nur zu Beginn der Behandlung eine zentrale Rolle zu, sondern ebenfalls bei der langfristigen Behandlung. Wenn eine stationäre Behandlung erforderlich war, sollte die Behandlung danach in jedem Fall ambulant fortgesetzt werden. Der Psychiater kann die erforderlichen Maßnahmen selbst durchführen oder Sie zu den darüber hinaus einzubeziehenden Fachleuten überweisen. Aufgrund dieser zentralen Rolle des ambulant tätigen Psychiaters und des langfristigen Charakters der Behandlung ist es wichtig, dass Sie zu diesem ein Vertrauensverhältnis aufbauen können.

! Wechseln Sie nicht ohne guten Grund den Behandler, sondern sprechen Sie an, wenn Ihnen etwas nicht gefällt! Versuchen Sie, einen Vertrauensvorschuss zu geben!

Stationäre Behandlung

Stationäre psychiatrische Behandlung bieten verschiedene Arten von Krankenhäusern an: Fachkrankenhäuser für Psychiatrie mit zumeist mehreren hundert Behandlungsplätzen; Universitätskliniken für Psychiatrie, die zumeist etwas kleiner sind; und psychiatrische Fachabteilungen an Allgemeinkrankenhäusern.

! Unabhängig von der Art des Krankenhauses ist aus unserer Sicht auch hier von großer Bedeutung, ob Sie zu den Sie betreuenden Personen Vertrauen haben können und sich gut aufgehoben fühlen.

Wichtig zu wissen ist, dass es für jeden Wohnort ein zuständiges Krankenhaus gibt. Dieses zuständige Krankenhaus muss Sie aufnehmen, wenn ein Bedarf dafür besteht. Ein solcher Bedarf besteht, wenn die häusliche Situation so schwierig ist, dass Sie als Betroffener nicht mehr allein zurechtkommen, oder wenn Behandlungsmaßnahmen erforderlich sind, die nur stationär durchgeführt werden können. Dazu gehört z.B. auch eine rasche Einstellung auf eine Medikation.

Darüber hinaus gibt es Tageskliniken, die tagsüber Behandlung anbieten und deren Patienten abends und nachts zu Hause sind. Tagesklinische Behandlung ist z.b. besonders dann angezeigt, wenn es darum geht, einen Übergang zwischen Klinik und ambulanter Behandlung zu schaffen, oder wenn zwar eine intensive Behandlung notwendig ist, die Betroffenen aber in der Lage sind, einen Teil des Tages allein zu bewältigen.

Ambulante Psychotherapie

Für die ambulante Psychotherapie sind Fachleute mit den Bezeichnungen „Psychologischer Psychotherapeut", „Facharzt für Psychiatrie und Psychotherapie", „Facharzt für psychotherapeutische Medizin" oder Ärzte mit der Zusatzbezeichnung „Psychotherapie" zuständig. Psychotherapie ist eine zeitlich begrenzte, intensive Maßnahme im Rahmen der ambulanten Behandlung. Sie geschieht zusätzlich zur Behandlung durch den Hausarzt und zusätzlich zur Behandlung durch den Psychiater. Während die ambulante psychiatrische Behandlung unbegrenzt über viele Jahre zur Verfügung steht, ist psychotherapeutische Behandlung nur auf besonderen Antrag und mit zeitlicher Begrenzung für eine bestimmte Stundenzahl zugänglich. Dafür ist es jedoch in dieser Zeit möglich, ausführliche, intensive Gespräche zu führen und ein Problem grundlegend zu bearbeiten. Dagegen ist in der ambulanten Regelbehandlung beim Psychiater die Gesprächszeit begrenzt.

Sozialpsychiatrische Betreuung

Bei psychischen Erkrankungen geht es nicht nur um die Behandlung von Beschwerden, sondern auch um die förderliche Gestaltung der sozialen Situation. Als „Sozialpsychiatrie" wird die Fachrichtung der Psychiatrie bezeichnet, die sich dieser sozialen Fragen besonders annimmt und Lösungen sucht, für Patienten optimale Bedingungen für die soziale Reintegration zu schaffen. Zu diesem Zweck wurden verschiedene Dienste geschaffen, die jeweils spezifische Aufgaben haben.

▶ Der „Sozialpsychiatrische Dienst" kann Betreuung anbieten bei Problemen, die der Betroffene in seiner Wohnung, bei seiner Lebensführung, bei der Gestaltung der freien Zeit oder im Zusammenleben mit Nachbarn oder Mitbewohnern hat. Hier ist auch möglich, den Patienten in seiner häuslichen Situation aufzusuchen und konkrete Unterstützung zu leisten.

▶ Ein so genannter berufsbegleitender Dienst ist zuständig, wenn die psychische Erkrankung am Arbeitsplatz zu Problemen führt. Hier kann z.B. bei Gesprächen mit dem Arbeitgeber Unterstützung geleistet und Beratung in berufsrechtlichen Fragen angeboten werden.

▶ Wenn jemand in seiner eigenen Wohnung nicht zurechtkommt, gibt es die Möglichkeit, ein so genanntes „betreutes Wohnen" in Anspruch zu nehmen. Hier findet direkt in der Wohnung eine Betreuung statt, die zumeist von Sozialarbeitern geleistet wird. Auch hier kann das Ausmaß der Betreuung an die vorhandenen Fähigkeiten angepasst werden.

Für die berufliche Rehabilitation gibt es ebenfalls spezialisierte Einrichtungen, die Betroffenen helfen können, trotz bestehender Beschwerden ihre beruflichen Fähigkeiten zu trainieren und ggf. auch Schritte in Richtung einer Berufsausbildung zu gehen. Darüber hinaus gibt es Tagesstätten, Treffs, spezielle Sportangebote, Zuverdienstfirmen und vieles mehr, was jedoch von Region zu Region sehr unterschiedlich aussehen kann.

> **!** Es ist wichtig, die Ansprechpartner kennen zu lernen, die Ihnen die entsprechenden Angebote vermitteln können. Dazu können Sie entweder den ambulant tätigen Psychiater befragen oder noch in der Klinik die entsprechenden Maßnahmen planen.

Es ist gar nicht leicht, den Überblick über die verschiedenen Dienste und Angebote zu haben. Im deutschen Versorgungssystem ist die Verantwortlichkeit für die ambulante Behandlung auf verschiedene Träger und Institutionen verteilt, und nicht immer findet hier eine gute Kooperation statt. Andererseits gibt es daher sehr differenzierte Angebote und spezifische Therapiemöglichkeiten.

Behandlung nur mit Einverständnis des Betroffenen – und Ausnahmen

All die genannten Angebote basieren im Prinzip darauf, dass Sie als Betroffener (häufig in Begleitung von Angehörigen oder Freunden) selbst um Hilfe nachsuchen. Da in unserer Gesellschaft die persönliche Freiheit ein hohes Gut ist, findet Behandlung – mit wenigen Ausnahmen – nur mit Ihrer Zustimmung statt.

Ausnahmen. Ausnahmen gibt es dann, wenn Sie Ihr Leben oder das Leben anderer aufgrund einer psychischen Erkrankung gefährden. Wer in Gefahr ist, sich selbst an Leib und Leben zu gefährden oder gar zu töten, oder aber für andere Menschen aufgrund einer psychischen Erkrankung eine konkrete, ernste Bedrohung darstellt, kann auch gegen seinen Willen zwangsweise in einem psychiatrischen Krankenhaus untergebracht und behandelt werden. Das deutsche Rechtssystem sieht vor, dass an dieser Stelle das Recht auf Selbstbestimmung endet und zeitlich befristet ausgesetzt wird. Diese Entscheidung muss aber von einem Gericht getroffen werden, nicht von dem zuständigen Arzt. Ein Richter sucht den Patienten im Krankenhaus auf, macht sich ein eigenes Bild von der Situation und trifft dann eine Entscheidung, an die die Patienten und Ärzte gebunden sind.

Eine andere Ausnahme besteht in dem Fall, dass ein Betroffener aufgrund seiner Erkrankung nicht mehr in der Lage ist, seine Situation angemessen zu überblicken, und daher nicht mehr für sich selbst sorgen kann. Dann kann nach dem Betreuungsgesetz eine „Betreuung" eingerichtet werden. Das bedeutet, dass ein „Betreuer" im Sinne des Patienten Entscheidungen für den Patienten treffen kann, z.B. in Bezug auf medizinische Behandlung oder finanzielle Angelegenheiten. Eine solche Betreuung muss ebenfalls bei einem Gericht oder Notariat beantragt werden. Den Antrag können aber auch z.B. Angehörige des Patienten stellen, nicht nur der Patient selbst. Ein Sachverständiger (Psychiater) nimmt eine ausführliche Begutachtung vor, anschließend entscheidet ein Gericht über den Antrag. **Selbstverantwortung ernst nehmen.** Diese Ausnahmen machen deutlich, dass jeder seine Selbstverantwortlichkeit ernst nehmen muss. Der Staat oder das Gesundheitssystem kümmert sich nur dann ohne unser Zutun um uns, wenn es gar nicht mehr anders geht bzw. wir zu selbstverantwortlichem Handeln überhaupt nicht mehr in der Lage sind. Dann allerdings ist der beste Zeitpunkt, eine kooperative Behandlungszusammenarbeit aufzubauen, vorbei. Es dauert danach oft einige Zeit, bis eine vertrauensvolle Behandlungsbasis zwischen Betroffenen und dem Behandlungsteam aufgebaut werden kann. Nach dem Abklingen der Akutsymptome sind die Betroffenen jedoch meist wieder in der Lage, mehr Verantwortung für sich selbst zu übernehmen und die Hilfsangebote in Anspruch zu nehmen.

5.3 Medikation

Nehmen oder nicht nehmen?

Fast alle Patienten, die wir kennen gelernt haben, haben sich immer wieder gefragt, ob es wirklich nötig sei, Medikamente einzunehmen. Vermutlich ist das bei Ihnen auch so. Niemand möchte ohne Grund Medikamente nehmen. Daher ist es wichtig, dass Sie sich klar darüber werden,

▶ welche Art von Medikamenten Ihnen empfohlen wird,
▶ welche positive Wirkung Sie davon erwarten können und
▶ welche Nachteile (Nebenwirkungen) möglicherweise in Kauf zu nehmen sind.

Medikamente, die sich auf das seelische Wohlbefinden auswirken, werden als Psychopharmaka bezeichnet. Der Gedanke, dass solche Mittel hilfreich sein können, ist zunächst irritierend. Psychopharmaka haben keinen guten Ruf. Es gibt viele abwertende Bezeichnungen (z.B. „chemische Keule"), mit denen Sie möglicherweise schon konfrontiert waren. Deshalb wollen wir Ihnen hier darlegen, warum Medikamente zur Behandlung von psychotischen Erkrankungen erforderlich sind. Wir werden im Folgenden nicht auf einzelne Medikamente eingehen. Vielmehr soll es vor allem um die gesamte Gruppe der antipsychotisch („gegen Psychosen") wirksamen Medikamente gehen, die so genannten Antipsychotika (auch Neuroleptika genannt).

Antipsychotika helfen in der Akutphase

Es ist wissenschaftlich nachgewiesen, dass Antipsychotika die Symptome psychotischer Episoden reduzieren und zum Abklingen bringen können. Bei 80 % der Patienten treten aufgrund der Einnahme von Antipsychotika schon nach kurzer Zeit die akuten Symptome (Plus-Symptome) in den Hintergrund. Die Betroffenen sind zunehmend besser in der Lage, ihre Situation zu überschauen, die Wirklichkeit einzuschätzen und ihre Gedanken zu ordnen. Wahnhafte Überzeugungen und Sinnestäuschungen klingen ab. Die Fähigkeit, sich zu konzentrieren, nimmt wieder zu. Diese Wirkungen werden als antipsychotisch bezeichnet.

Darüber hinaus wirken die Antipsychotika beruhigend. Unrealistische Ängste und Übererregung werden gemildert oder treten nicht mehr auf. Die Betroffenen sind wieder in der Lage, sich zu entspannen, werden ruhiger und können wieder besser schlafen.

Wegen dieser Wirkungen sind Antipsychotika in Akutphasen psychotischer Erkrankungen sinnvoll und in der Behandlung unverzichtbar. Aus der Zeit vor der Einführung der Antipsychotika (sie wurden in den 1950er Jahren entdeckt) ist bekannt, dass damals psychotische Symptome bei den allermeisten Betroffenen dauerhaft bestehen blieben. Eine langfristige stationäre Behandlung war daher zumeist unvermeidlich.

! Dank der Entdeckung der Antipsychotika können heute die meisten Betroffenen nach einem vergleichsweise kurzen stationären Aufenthalt ambulant weiterbehandelt werden und haben daher viel bessere Möglichkeiten, ein „normales" Leben zu führen.

Mit Antipsychotika Stabilität wiedergewinnen und Rückfälle verhindern

Antipsychotika sind nachweislich wirksam für die Verhütung von Rückfällen. Im Anschluss an eine akute Krankheitsphase ist das wichtigste Ziel, psychische Stabilität wiederzuerlangen. Dabei spielen die Antipsychotika eine wichtige Rolle. Sie erhöhen die Belastbarkeit von Betroffenen (lesen Sie zu diesem Thema nochmals in Kap. 3 nach; s.a. Arbeitsblatt 1 im Anhang).

Antipsychotika können Nebenwirkungen haben

Neben den erwünschten Wirkungen können Antipsychotika unerwünschte Wirkungen haben. Auf den Beipackzetteln in den Medikamentenschachteln sind alle Nebenwirkungen verzeichnet, die jemals aufgetreten sind. Diese Nebenwirkungen können also auftreten, müssen aber nicht bei Ihnen auftreten. Jeder reagiert anders auf Medikamente. Wichtig ist zunächst zu wissen, dass Nebenwirkungen auftreten *können*. Darüber hinaus ist es sehr wichtig, mit dem behandelnden Arzt zu sprechen, wenn tatsächlich Nebenwirkungen auftreten. Da es verschiedene Präparate gibt, kann für viele Betroffene eine Medikation gefunden werden, die weitgehend nebenwirkungsfrei ist.

Sehr unterschiedliche unerwünschte Wirkungen. Es können Bewegungsstörungen auftreten (z.B. Muskelsteifigkeit, Bewegungsverlangsamung, unfreiwillige Muskelbewegungen, Sitzunruhe, Zittern). „Vegetative Störungen" sind möglich (z.B. Mundtrockenheit, vermehrter Speichelfluss, Verstopfung, Durchfall, Schwindel, Schwitzen, Appetitsteigerung). Darüber hinaus können verschiedene weitere Nebenwirkungen auftreten: erhöhte

Müdigkeit, Lichtempfindlichkeit, Sehstörungen, Gewichtszunahme, sexuelle Störungen, Zyklusstörungen, Milchfluss, Blutbildveränderungen, Veränderungen des Herzrhythmus.

Neuere Antipsychotika, die weniger Nebenwirkungen haben, werden als atypische Antipsychotika oder kurz als Atypika bezeichnet. Die Atypika zeichnen sich insbesondere dadurch aus, dass die Bewegungsstörungen hier nicht oder nur in sehr geringem Ausmaß auftreten. Demgegenüber treten Nebenwirkungen wie Müdigkeit oder Gewichtszunahme bei diesen Mitteln häufiger auf.

Wirkungen beobachten. Die genaue Beobachtung von unerwünschten Wirkungen ist wichtig. Es ist von großer Bedeutung, zu wissen, wann genau diese Wirkungen eingesetzt haben und ob sie regelmäßig oder nur gelegentlich auftreten. So kann man einschätzen, inwieweit das Antipsychotikum für die erlebten unerwünschten Wirkungen verantwortlich ist. Beispiele:

▶ Wenn nach mehrwöchiger Einnahme eines Antipsychotikums Kopfschmerzen auftreten und ohne Änderung der Medikation wieder abklingen, ist es wenig wahrscheinlich, dass es sich hier um eine Nebenwirkung handelt.

▶ Wenn ein Betroffener lange ein bestimmtes Gewicht hatte, nach Beginn einer Antipsychotika-Behandlung jedoch kontinuierlich an Gewicht zugenommen hat, ist dies ein Hinweis dafür, dass es sich hier um eine Nebenwirkung handeln kann.

Deshalb schlagen wir Ihnen vor, Nebenwirkungen genau zu beobachten und sich Notizen zu machen. Dazu eignet sich das Tagebuch, das wir oben schon vorgestellt haben (s.a. Anhang, Arbeitsblatt 1). Hier können Sie sowohl die Tagesdosis Ihrer Antipsychotika eintragen als auch die Nebenwirkungen, die Sie beobachten. Zusätzlich können Sie die Stärke der Nebenwirkungen eintragen. Wir schlagen Ihnen vor, diese Eintragungen in jedem Fall dann vorzunehmen, wenn bei Ihnen ein Medikament neu eingestellt wird.

> **!** Sie werden durch Ihre Beobachtung und durch Ihre Tagebuchnotizen zu einem Experten für die eigene Behandlung und können sie aktiver mitgestalten.

Maßnahmen gegen Nebenwirkungen sind möglich
Nebenwirkungen müssen in keinem Fall passiv hingenommen oder nur erduldet werden. Manche Nebenwirkungen treten nur kurzfristig während der Neueinstellung auf ein Medikament auf.

> **!** Man sollte – wenn möglich – einige Zeit abwarten, anstatt vorschnell zu reagieren. Gehen die unerwünschten Wirkungen nicht zurück, gibt es die Möglichkeit – nach Absprache mit Ihrem Arzt –, die tägliche Dosis des Antipsychotikums zu reduzieren oder auf ein anderes Medikament umzustellen.

Die genannten Nebenwirkungen klingen rasch wieder ab, wenn die Medikamenteneinnahme beendet wird. Allerdings gibt es eine Ausnahme, die eine kleine Gruppe derjenigen Patienten betrifft, die mehrere Jahre in höheren Dosierungen Antipsychotika eingenommen haben. Hier kann es bei ca. 10 – 20 % der Betroffenen zu so genannten Spätdyskinesien kommen. Dies sind Bewegungsstörungen, zumeist im Bereich der Kaumuskulatur, die nicht sofort nach Absetzen des Medikaments abklingen und möglicherweise längerfristig bestehen bleiben.

Abwägung erforderlich. Aus unserer Sicht ist die Abwägung von erwünschten und unerwünschten Wirkungen von großer Bedeutung. Auf der einen Seite steht die zumeist erfolgreiche Behandlung der Plus-Symptome (wahnhafte Überzeugungen, Sinnestäuschungen, Störungen des Denkablaufs). Diese Symptome bewirken oft eine nachhaltige Beeinträchtigung der Lebensführung und hindern viele Betroffene daran, ihre Lebensziele (z.B. die Beendigung einer Berufsausbildung) weiterzuverfolgen.

Auf der anderen Seite muss man damit rechnen, dass Nebenwirkungen auftreten können, die Gegenmaßnahmen erfordern. Bei schwierigen Entscheidungen ist es oft hilfreich, die Vor- und Nachteile der beiden Entscheidungsalternativen gegenüberzustellen. Wir schlagen Ihnen vor, dass Sie das in Bezug auf die antipsychotische Medikation einmal für Ihre Situation tun. In Tabelle 1 finden Sie einige der wichtigen Argumente.

Tabelle 1. Entscheidungshilfe zur Antipsychotika-Einnahme

	Vorteil	Nachteil
Antipsychotika einnehmen	► Gute Chance für rasches Abklingen von Plus-Symptomen ► Längerfristige Chance der Reduzierung von Minus-Symptomen	Risiko von Nebenwirkungen, wie z.b. Bewegungsstörungen oder Gewichtszunahme
Keine Antipsychotika einnehmen	Keine Nebenwirkungen	Hohes Risiko für Fortbestehen oder Chronifizierung der psychotischen Symptome

Dauer der Behandlung

Bei schizophrenen Erkrankungen wird empfohlen, Antipsychotika über längere Zeiträume einzunehmen, um eine langfristige Stabilisierung zu erzielen. Nach der ersten Episode wird eine Behandlungszeit von ein bis zwei Jahren empfohlen. Sollte bereits ein Rückfall eingetreten sein, wird ein Behandlungszeitraum von bis zu fünf Jahren als sinnvoll erachtet. Falls eine psychotische Episode mit Selbstbeschädigung oder einem Suizidversuch einhergegangen ist, wird zu einer Dauermedikation geraten.

Wenn eine Behandlung mit einem Antipsychotikum beendet werden soll, ist es wichtig, nicht einfach von heute auf morgen damit aufzuhören, sondern das Medikament – unter Beobachtung Ihres Arztes – über Monate hinweg zu reduzieren und dann erst abzusetzen. Ein abruptes Behandlungsende kann zum

Wiederauftreten psychotischer Symptome führen. Sprechen Sie daher mit Ihrem Arzt über Ihren Wunsch, die medikamentöse Behandlung mit Antipsychotika zu beenden.

Schutz durch Antipsychotika. In der Zeit nach der Beendigung der Antipsychotika-Einnahme sollten Sie besonders achtsam mit sich umgehen. Der Schutz durch die Medikamente bleibt noch einige Zeit bestehen, klingt dann aber ab. Rückfälle treten vermehrt einige Wochen bis Monate nach dem Absetzen auf. Die Belastbarkeit verringert sich nach und nach aufgrund des fehlenden Schutzes durch die Medikamente. Gleichzeitig bleibt die Höhe der Belastung zumeist unverändert und wird deshalb unterschätzt. Belastung und Belastbarkeit stehen nicht mehr im richtigen Verhältnis. Das heißt nicht, dass in jedem Fall ein Rückfall eintreten muss, aber es besteht ein erhöhtes Risiko.

! Nutzen Sie in dieser Zeit in besonderer Weise die Strategien, die wir im Abschnitt zur Frühsymptom-Erkennung und Krisenbewältigung beschreiben (Kap. 6).

Ihre Entscheidung

Sie sind für sich selbst verantwortlich. Sie entscheiden, ob Sie Antipsychotika einnehmen oder nicht. Diese Entscheidung kann Ihnen niemand abnehmen. Ihr Arzt macht Ihnen aufgrund seiner Fachkompetenz einen Behandlungsvorschlag, den Sie annehmen oder ablehnen können. Eine längerfristige medikamentöse Behandlung mit dem Ziel einer dauerhaften Stabilisierung kann nur gelingen, wenn Sie sich aktiv dafür entscheiden und sich verantwortlich dafür fühlen.

Langfristig planen. Möglicherweise fühlen Sie sich von Ärzten oder Angehörigen bedrängt, Medikamente einzunehmen. Der Eindruck von Betroffenen, bevormundet, entmündigt oder gar zur Medikamenteneinnahme gezwungen zu werden, kann bewirken, die Medikamenteneinnahme erst recht abzulehnen. Bedenken Sie aber bitte, dass es auch hier nicht nur um kurzfristige Auswirkungen Ihrer Entscheidung geht, sondern vor allem auch um langfristige. Falls bei Ihnen psychotische Symptome fortbestehen, führt dies nicht selten zu zunehmenden Beeinträchtigungen Ihrer sozialen Situation. Konflikte mit Angehörigen können nicht gelöst werden, Freunde ziehen sich zurück, berufliche Pläne können scheitern. Wenn Angehörige oder Ärzte Sie bedrängen, Medikamente einzunehmen, dann geschieht dies oft mit Blick auf die langfristigen Gefährdungen Ihrer Lebensziele. Es ist vor allem für Angehörige außerordentlich schmerzhaft, mitzuerleben, wenn ein Mitglied der Familie unter Beeinträchtigungen leidet, mögliche Behandlungsmaßnahmen aber ausschlägt. Wenn Sie sich zu sehr bedrängt fühlen, sprechen Sie dies an! Bestehen Sie darauf, dass Sie derjenige sind, der hier entscheidet! Bringen Sie aber die Offenheit mit, den Argumenten Ihrer Angehörigen zuzuhören und die Sichtweise Ihres Arztes einzubeziehen. Angehörige und Ärzte stehen auf Ihrer Seite und wollen Sie unterstützen.

Und jetzt Sie: Überdenken Sie Ihren Standpunkt zur Einnahme von Antipsychotika! Was spricht dafür, was dagegen? Wo haben Sie Bedenken? Was sagen Ihre Angehörigen? Welche Argumente hat Ihr Arzt eingebracht? Sind Ihnen die Standpunkte Ihrer Vertrauenspersonen klar? Wie werden Sie Ihrer Verantwortung gegenüber sich selbst am besten gerecht?

Wir haben in diesem Abschnitt bisher ausschließlich über Antipsychotika gesprochen. Diese Medikamente sind die wichtigsten für die Behandlung von schizophrenen Erkrankungen. Im Verlauf der Behandlung können jedoch auch weitere Medikamente zum Einsatz kommen. Auch hierzu können wir Ihnen hier nicht sämtliche Details darlegen, wollen Ihnen aber jeweils erläutern, mit welchem Ziel die Medikamente eingesetzt werden.

Mittel gegen Nebenwirkungen. Sofern bei der Behandlung mit Antipsychotika Bewegungsstörungen auftreten, kann Biperiden

(Akineton®) eingesetzt werden. Meistens ist dies nur vorübergehend erforderlich und kann dann wieder abgesetzt werden. Sofern dann weiter Bewegungsstörungen bestehen, ist es sinnvoll, die Wahl des Antipsychotikums zu überdenken. Andere Medikationen gegen Nebenwirkungen werden nur im Ausnahmefall durchgeführt. Eine solche Ausnahme ist z.b. dann gegeben, wenn ein Betroffener nur einzelne Medikamente verträgt und auch dabei noch leichte Nebenwirkungen hat, die dann behandelt werden sollen.

Antidepressiva. Gerade auch im Rahmen der Stabilisierungsphase können depressive Verstimmungszustände auftreten (s. Kap. 3.3). Wenn diese Beschwerden nicht nach sehr kurzer Zeit wieder abklingen, ist es gerechtfertigt, sich mit einem antidepressiv wirksamen Medikament helfen zu lassen. Es gibt sehr viele verschiedene Antidepressiva, so dass eine Übersicht zu diesem Thema hier nicht sinnvoll ist. Unserer Meinung nach sollten Sie nicht zögern, medikamentöse Unterstützung in Anspruch zu nehmen. Depressive Zustände können sehr quälend sein und auch die Gefahr von Selbsttötungsversuchen mit sich bringen. Es ist dann Gegenstand einer guten Kooperation zwischen Arzt und Betroffenem, eine gut verträgliche und wirksame Medikation zu finden. Zögern Sie nicht, bei Ihrem Psychiater diese Fragen anzusprechen.

Tranquilizer/Beruhigungsmittel. In psychotischen Erregungszuständen ist es ein sehr wichtiges Behandlungsziel, rasch eine Beruhigung der Situation zu erreichen. In solchen akuten Situationen haben Beruhigungsmittel aus der Stoffgruppe der Benzodiazepine ihre Berechtigung. Sie können Betroffenen helfen, sich zu entspannen und mit größerer Gelassenheit die Situation zu überdenken. Solche Beruhigungsmittel reduzieren allerdings nicht die psychotischen Symptome, sondern bringen nur kurzfristig eine Entspannung. In der Zeit, bis die Antipsychotika ihre Wirkung entfalten, ist dies oft erforderlich. Im weiteren Verlauf der Behandlung sollte dann in kurzen Abständen versucht werden, die Beruhigungsmittel wegzulassen.

5.4 Zum Thema Drogen, Alkohol und Zigaretten

Drogen

Um es gleich vorwegzunehmen: Cannabis ist schädlich. Dies gilt insbesondere für Menschen, die von Schizophrenie betroffen sind. Die Gründe wollen wir Ihnen im Folgenden darlegen. Cannabis (Tetra-Hydro-Cannabinoid = THC) ist die am häufigsten konsumierte illegale Droge. Unter jungen Menschen, die an einer Schizophrenie erkranken, wird sie fünfmal häufiger konsumiert als unter der Allgemeinbevölkerung! Gleichzeitig bedeutet sie gerade für diese „Zielgruppe" eine große Gefahr. Wie aber ist der gehäufte Konsum vor der Erkrankung zu verstehen? Und worin bestehen die Probleme des Cannabiskonsums bei bereits Betroffenen?

Cannabis als Selbsthilfe?

Cannabis hilft *zu Beginn* der Einnahme, Schwunglosigkeit, innere Leere, Unruhe und Niedergeschlagenheit zu mildern. Wir haben bereits beschrieben, dass die Anfänge der Schizophrenie typischerweise solche Beschwerden aufweisen (s. Kap. 3.1). Die Einnahme von Cannabis kann unter diesem Aspekt *zunächst* als Selbstmedikation oder auch Selbsthilfe verstanden werden. Viele Betroffene berichten uns, dass es ihnen zunächst besser gegangen sei, die Wirkung dann aber nachgelassen habe.

Bei fortgesetztem Konsum muss tatsächlich eher von Selbstschädigung gesprochen werden. Denn nach *kurzer* Zeit nimmt die vermeintlich „positive" Wirkung ab. Für dieselbe Wirkung muss mehr Cannabis konsumiert werden. Die Suchtspirale kommt in Gang: Immer mehr Drogen helfen immer weniger und schaden immer mehr. Folgende Cannabis-Wirkungen werden von Konsumenten häufig genannt: Die Cannabis-Wirkung

- ▶ entspannte mich
- ▶ ließ mich meine Umgebung intensiver wahrnehmen
- ▶ wirkte gegen Langeweile
- ▶ überforderte mich in komplizierten Situationen

- ▶ machte gesellig
- ▶ führte zu plötzlicher schrecklicher Angst
- ▶ betäubte meine Schuldgefühle und Selbstvorwürfe
- ▶ ließ mich nicht mehr klar denken
- ▶ führte dazu, mich in einfachen Tätigkeiten zu verzetteln
- ▶ machte Gleichgewichtsstörungen
- ▶ machte einfallsreich und humorvoll
- ▶ gab Kraft oder geistige Produktivität
- ▶ machte mich schlaflos
- ▶ ließ meine Träume fließen
- ▶ half bei Schlaflosigkeit
- ▶ regte mich an
- ▶ steigerte den Genuss
- ▶ regte meinen Appetit an
- ▶ machte sorglos
- ▶ machte Unerträgliches leichter (z.b. Alltagstrott)
- ▶ half, dass ich mich nicht so ausgeschlossen fühlte
- ▶ führte dazu, dass ich Mühe im Umgang mit anderen Menschen hatte
- ▶ erleichterte Probleme
- ▶ erschwerte Probleme
- ▶ half mir „abzuschalten"
- ▶ ließ mich sexuell aktiver sein
- ▶ ließ mir Sex als unwesentlich erscheinen
- ▶ ließ mich leichter bei der Sache bleiben
- ▶ ergab, dass mir seltsame Dinge einfielen.

Und jetzt Sie: Sollten Sie Cannabis konsumieren oder früher konsumiert haben, überlegen Sie bitte: Welche dieser Wirkungen kennen Sie? Warum haben Sie begonnen, Cannabis zu konsumieren? Wie hat sich bei Ihnen die Einnahme von Cannabis ausgewirkt? Gab es auch bei Ihnen eine Veränderung der anfänglichen Wirkung?

Selbstschädigung durch Cannabis

Die Schäden sind psychischer und körperlicher Art und betreffen zahlreiche Organe. So wird beispielsweise das Immunsystem langfristig geschwächt (durch Deformierung weißer Blutzellen). Männliche Samenzellen werden deformiert, außerdem finden sich Beeinträchtigungen des sexuellen Erlebens. Die kurz- und langfristigen Einwirkungen auf die Hirnzellen sind jedoch am dramatischsten: Hieraus ergeben sich Beeinträchtigungen von Wahrnehmung, Denken, Fühlen und Handeln.

Wahrnehmung:

► Man sieht, hört, fühlt und schmeckt Dinge, die nicht existieren oder die man vorher nicht so intensiv wahrgenommen hat.

► Die Aufmerksamkeit wird von diesen intensiven Wahrnehmungen in Beschlag genommen.

► Man ist in komplexeren Situationen, die Übersicht erfordern (z.b. Autofahren), überfordert.

Denken:

► Die Qualität des Denkens nimmt (oft unmerklich) ab, und die Gedanken sind nicht so „klar" wie vorher.

► Konzentrationsschwierigkeiten treten auf.

► Alltägliche Aufgaben können nicht mehr wie früher ausgeführt werden.

Fühlen:

► Im Rausch treten extrem intensive Gefühle auf; nach dem Rausch fehlen intensive Gefühle.

► Die Gereiztheit nimmt zu und steigert sich bis hin zu Angstzuständen.

► Man ist zunehmend lustlos bis hin zu Niedergeschlagenheit.

Handeln:

► Die Zielstrebigkeit nimmt ab, und man „verzettelt" sich.

► Man ist immer weniger strukturiert, „verpeilt" sich, bringt Dinge nicht mehr „auf die Reihe".

► Bewegungsabläufe werden unkoordinierter.

► Gleichgewichtsstörungen treten auf.

Gründe für die Hirnschädigung sind u.a. eine Verdickung und Verklumpung im synaptischen Spalt, wodurch die Nachrichten-übermittlung erschwert wird. Zellen im limbischen System (dem „Freudezentrum", anfangs für Euphorie zuständig) werden lang-sam zerstört, so dass freudige Gefühle erschwert werden bzw. nur mit mehr Cannabis (oder härteren Drogen!) zu erwirken sind. Die *psychische* Abhängigkeit besteht also darin, dass Can-nabis gebraucht wird, um den unerträglichen Zustand der Lust-losigkeit, Interesselosigkeit und Antriebslosigkeit zu überwin-den. Ohne Cannabis herrscht „Null-Bock-Stimmung".

Die Schädigungen sind für die Betroffenen häufig nicht un-mittelbar spürbar, da sie langsam voranschreiten. Möglicherwei-se liegt das u.a. daran, dass Cannabis in der Öffentlichkeit noch immer verharmlost wird. Aber heute wissen wir, dass Menschen mit entsprechender Vulnerabilität (Verletzbarkeit) unter Canna-bis-Einnahme schneller an einer Schizophrenie erkranken.

Cannabis bei bestehender Vulnerabilität

Cannabis verkürzt bei Menschen mit einer Vulnerabilität für Schizophrenie den Zeitraum bis zum Auftreten einer Psychose. Das bedeutet nicht, dass Cannabis die Erkrankung bewirkt, son-dern dass Cannabis sie beschleunigt bzw. verschlimmert! Auch auf den weiteren Krankheitsverlauf wirkt sich Cannabis negativ aus. Rückfälle treten rascher ein und werden schwerer. Dadurch kommt der ohnehin oft mühsame Heilungsprozess ins Stocken und erschwert den gesamten Erkrankungsverlauf.

Cannabis fördert und verschlimmert schizophrene Erkrankungen

Cannabis macht nicht schizophren – aber er fördert und ver-schlimmert schizophrene Erkrankungen. Warum ist das so? Eine Begründung dafür liefert wieder das Synapsen-Modell (Kap. 4.3). Cannabis erhöht die Konzentration von Dopamin, so wie es in Abbildung 6 dargestellt ist. Hieraus wird ersichtlich, dass Cannabis in gewisser Weise gerade das bewirkt, was die Medikamente verhindern: Eine „künstliche" Vermehrung von Dopamin im synaptischen Spalt. Damit schwächt er die Belastbarkeit und stellt zugleich eine Belastung dar.

Cannabis wirkt der Schutzfunktion der Medikamente konträr entgegen

Dies bedeutet natürlich, dass die antipsychotische Medikation gerade dann umso wichtiger ist, wenn Cannabis konsumiert wird. Würde jemand aus der gegensätzlichen Wirkung von Cannabis und Antipsychotikum den Schluss ziehen, die Medikamente gleich weglassen zu können, wäre das doppelt falsch.

Vorteile der Cannabis-Abstinenz

Sollten Sie noch nicht entschlossen sein, Cannabis zukünftig zu vermeiden, dann bedenken Sie bitte noch einmal Folgendes: Ohne Cannabis

► haben Sie längerfristig weniger Beschwerden
► verläuft Ihre Gesundung rascher und besser
► ist Ihre Chance, sich zu stabilisieren und/oder stabil zu bleiben, höher
► ist Ihr Rückfallrisiko geringer
► vermeiden Sie weitere Wechselwirkungen zwischen Droge und Medikament; dadurch besteht ein geringeres Risiko, Nebenwirkungen zu entwickeln
► benötigen Sie letztlich weniger Medikamente, da Sie die Wirkung nicht abschwächen
► nimmt Ihre allgemeine Belastbarkeit zu.

Gerade Betroffene, die vermehrt Drogen konsumiert haben, äußern oft Probleme damit, Medikamente einzunehmen. Sollte es Ihnen ebenso gehen, dann machen Sie sich bitte bewusst, dass Sie ja gerade dann weniger Medikamente benötigen, wenn Sie auf Cannabis verzichten.

Sollten Beschwerden wie Schwunglosigkeit, innere Leere, Unruhe oder Niedergeschlagenheit der Grund sein, dass Sie (weiterhin) Cannabis konsumieren, dann schlagen wir Ihnen vor, sich von Ihrem Arzt eine wirksame Alternative verordnen zu lassen. Eine gezielte Medikation hilft Ihnen besser, schadet weniger und wirkt längerfristiger.

! Noch ein paar Worte zu anderen illegalen Drogen. Das Grundprinzip ist ähnlich: Häufig hat die Substanzeinnahme mit bereits bestehenden Beschwerden zu tun. Die anfängliche Unterdrückung von Symptomen führt mit der Zeit zur Suchtentwicklung. Psychische Abhängigkeit und körperliche Schädigung sind die Folge. Die Verstärkung des Rückfallrisikos besteht bei allen illegalen Drogen schon deshalb, weil die Drogeneinnahme die Belastbarkeit des Betroffenen schwächt.

Alkohol und Zigaretten

Was über Medikamente vielleicht bekannt ist, weiß kaum jemand über Nikotin: Die Wechselwirkungen zwischen Alkohol bzw. Zigaretten und Medikamenten sind in den meisten Fällen nicht abschätzbar. Das bedeutet, dass Nebenwirkungen auftreten können oder die Wirkung der Medikamente abnimmt oder auch zunimmt. Nicht zuletzt kann die Wirkung von Alkohol und Nikotin zunehmen. All diese Möglichkeiten bedeuten Unsicherheiten oder gar Risiken.

Nikotinkonsum führt am häufigsten dazu, dass wirksame Medikamente in ihrer Wirksamkeit abgeschwächt werden. Die Konsequenz besteht darin, dass höhere Dosierungen desselben Medikamentes notwendig werden, um die nötige Wirkung zu erreichen. Das bedeutet für den Körper mehr Stoffwechselarbeit und geht dadurch auch mit dem Risiko von (zusätzlichen) Nebenwirkungen einher. (Davon abgesehen bewirkt eine Tabakabhängigkeit zahlreiche eigene Beschwerden körperlicher und psychischer Natur.)

Für Alkoholkonsum gilt zunächst dasselbe. Hinzukommt, dass sich Alkohol und Medikamente in ihrer Wirkung häufig ge-

genseitig verstärken. Das Neuauftreten oder die Zunahme von Nebenwirkungen oder auch ungewohnt starke Alkoholwirkungen können die Folge sein. Ob und wie sehr dies der Fall ist, lässt sich nicht vorhersagen. Deshalb sind große Aufmerksamkeit und Vorsicht geboten, wenn trotz Medikation Alkohol konsumiert wird – wovon wir abraten.

> **!** Wir möchten Sie darauf hinweisen, dass Sie – sollten Sie auf Alkohol nicht verzichten können – Ihre Medikamente gerade dann unverändert weiter einnehmen sollten. Alkohol stellt eine körperliche und psychische Belastung dar.
> Gerade deshalb ist es notwendig, dass Sie auf sich achten und andere Maßnahmen ergreifen, um Ihre Belastbarkeit zu stärken.

5.5 Ihr Beitrag als Angehöriger

Als Angehöriger sind Sie von der Erkrankung Ihres Familienmitgliedes mit betroffen. Psychotische Erkrankungen entwickeln sich über längere Zeit und haben oft eine lange Vorgeschichte. Während dieser Zeit haben Sie irritierende und belastende Veränderungen an Ihrem Familienmitglied erlebt, die die meisten Angehörigen zumeist nicht einordnen können. Viele stehen zunächst ratlos vor der veränderten Situation. Aus Unkenntnis über die Erscheinungsformen psychischer Störungen dauert es oft eine ganze Zeit, bis die Veränderungen des Betroffenen als Ausdruck einer psychischen Erkrankung bewertet werden und die entsprechende Behandlung eingeleitet werden kann.

Eine gute Behandlung nach aktuellen Behandlungsleitlinien sieht vor, die Angehörigen mit einzubeziehen. Gemeinsam mit dem Betroffenen werden ein angemessenes Verständnis der Erkrankung erarbeitet und die Behandlungsmaßnahmen vorgestellt, erklärt und begleitet. Entsprechend sollen auch die Angehörigen im Rahmen der Behandlung des Betroffenen Informationen erhalten, die ihnen helfen sollen, die Geschehnisse einzuordnen und Planungen für das weitere Vorgehen vornehmen zu können.

❗ Es sollte aus unserer Sicht heute eine Selbstverständlichkeit sein, dass Angehörige zu Gesprächen mit dem Arzt bzw. Therapeuten eingeladen werden. Falls dies in Ihrem Fall nicht geschehen sein sollte, ist es Ihr gutes Recht, um solche Gespräche zu bitten.

Für das gegenseitige Verständnis und für die Planung des weiteren Vorgehens sind solche Gespräche zwischen Arzt/Psychotherapeut, Patient und Angehörigen wichtig und notwendig. Oft erleben jedoch die Angehörigen, dass ein sehr viel weiter gehender Informations- und Gesprächsbedarf besteht, der in diesem Rahmen nicht ausreichend aufgegriffen werden kann.

Für dieses Anliegen sind Angehörigengruppen eine gute Möglichkeit. Hier treffen sich Angehörige von psychisch erkrankten Menschen, zumeist unter Leitung von psychiatrisch erfahrenen Ärzten, Psychotherapeuten, Sozialarbeitern oder Krankenpflegepersonal. In jeder Region gibt es heute Angehörigengruppen, die für die Bewältigung der Belastungen, die Sie als Angehöriger erleben, eine große Hilfe sein können. In jeder psychiatrischen Klinik oder Praxis können Sie Informationen über Kontaktadressen und Ansprechpartner finden (s.a. Kap. 10.2). Die Teilnahme an einer solchen Angehörigengruppe möchten wir Ihnen nachdrücklich empfehlen. Wie können Angehörige die Betroffenen unterstützen?

▶ Zunächst ist es von großer Bedeutung, ein Verständnis für die Erkrankung zu erarbeiten und sich mit den Betroffenen darüber zu verständigen. Die Sichtweisen über die Probleme können sehr unterschiedlich sein. Nur im Gespräch miteinander kann man ein gemeinsames Verständnis entwickeln, das die

Grundlage für die Bewältigung der Erkrankung und ihrer Folgen ist.

► Es ist wichtig, dass Angehörige die Behandlungsmaßnahmen unterstützen. Wenn Angehörige z.b. den Sinn der antipsychotischen Medikation in Frage stellen und stattdessen unwirksame Maßnahmen vorschlagen, wird der Betroffene irritiert und weniger geneigt sein, der begründeten ärztlichen Empfehlung zur Medikamenteneinnahme zu folgen.

► In Krisensituationen, die ein erhöhtes Risiko für Rückfälle in sich bergen, kommt den Angehörigen eine besonders wichtige Rolle zu. Sie erkennen Rückfälle oft am frühesten und können ihren erkrankten Angehörigen daher schon früh Unterstützung anbieten.

► Wenn die Betroffenen mit ihren Angehörigen zusammenwohnen, können Angehörige weiterhin dadurch Unterstützung leisten, dass sie die Offenheit und Bereitschaft mitbringen, Lösungen für häusliche Konflikte zu suchen.

Zwei besonders schwierige Situationen ergeben sich für Angehörige, wenn Betroffene die Behandlung generell oder die Einbeziehung der Angehörigen ablehnen.

Wenn der Betroffene die Behandlung ablehnt

Ein Beispiel. Ein 20-jähriger Sohn zieht sich nur noch in sein Zimmer in der elterlichen Wohnung zurück, hat die Ausbildung abgebrochen, trifft keine Freunde mehr und beschimpft die Eltern permanent, sie würden ihn verfolgen und wollten ihm schaden. Arztbesuche lehnt er trotz vielfältiger Versuche ab, ihn davon zu überzeugen, dass es so nicht weitergeht. Er wolle in Ruhe gelassen werden und sonst gar nichts.

Diese Situation ist für die Eltern außerordentlich belastend und schmerzhaft. Sie müssen mit ansehen, wie das Leben ihres Kindes in die Brüche geht. Da der Sohn jedoch erwachsen ist, sehen sie kaum Möglichkeiten, gegen seinen Willen eine Behandlung einzuleiten.

Eine Behandlung gegen den Willen des Betroffenen nach dem Unterbringungsgesetz kommt hier nicht in Frage, da ja keine akute Gefährdung des Lebens des Betroffenen oder anderer Personen besteht. Daher bleibt hier als eine der wenigen Möglichkeiten die Einrichtung einer Betreuung nach dem Betreuungsgesetz. Wenn jemand offensichtlich nicht in der Lage ist, für seine Gesundheitsfürsorge selbstverantwortlich zu sorgen, so kann durch das Amtsgericht/Notariat (die Zuständigkeit ist von Bundesland zu Bundesland verschieden) eine Betreuung eingerichtet werden. Der Betreuer ist dann beauftragt, im Sinne des Wohles des Betroffenen Verantwortung für die Gesundheitsfürsorge zu übernehmen. Allerdings ist für diesen Vorgang viel Zeit erforderlich.

Suchen Sie selbst Unterstützung! Für die Angehörigen besteht in diesem Fall auch die Schwierigkeit, eine geeignete Unterstützung für sich zu finden, um die jeweils richtigen Schritte zu überlegen. Da das erkrankte Familienmitglied ja nicht in Behandlung ist, fühlt sich kaum jemand zuständig, die Angehörigen zu betreuen. Auch in diesem Fall können Angehörigengruppen eine wichtige Anlaufstelle sein (s. Kap. 10.2). Es wäre wünschenswert, wenn Behandlungsinstitutionen ausdrücklich auch für Angehörige zuständig wären, deren erkrankte Familienmitglieder keine Behandlung in Anspruch nehmen. Das gegenwärtige Finanzierungssystem sieht dies jedoch nicht vor.

Wenn es im Rahmen der Erkrankung häufig zu häuslichen Konflikten kommt und von Betroffenen sogar Grenzen überschritten werden, so sollten die Angehörigen deutliche Grenzen setzen. Sie müssen sich nicht alles bieten lassen.

Ein weiteres Beispiel. Eine erwachsene Tochter in einer akuten Phase einer psychotischen Erkrankung, die noch bei den Eltern wohnt, beleidigt diese permanent und hat die Mutter sogar schon geohrfeigt. Sie beteiligt sich nicht an der Hausarbeit, stellt häufig Forderungen an die Mutter und lässt ihr Zimmer verwahrlosen. Viele Versuche der Einflussnahme durch die Eltern sind gescheitert. Nach längerer Beschäftigung mit der Situation und mehreren Gesprächen in der Angehörigengruppe verweisen die Eltern die Tochter der Wohnung, bieten ihr jedoch eine Rückkehr nach Aufnahme einer angemessenen Behandlung an.

Es ist ganz offensichtlich, dass solche Situationen für Eltern außerordentlich schmerzhaft sind und zu großen Sorgen führen. Manchmal führt jedoch kein Weg an der Frage vorbei, wann die eigenen Grenzen erreicht sind und das eigene Wohlergehen des Angehörigen die Sorge um den Betroffenen überwiegen muss.

! Es gibt hier keine objektiven Grenzen. Diese müssen Sie als Angehöriger selbst setzen und damit Verantwortung auch für sich selbst, nicht nur für Ihre Kinder/den Betroffenen übernehmen.

Wenn Betroffene ablehnen, die Angehörigen in die Behandlung einzubeziehen

Nicht selten möchten die Betroffenen nicht, dass die Angehörigen in die Behandlung einbezogen werden. Hier steht dann die ärztliche Schweigepflicht in Konflikt mit dem berechtigten Anliegen von Angehörigen als Mitbetroffene, über die Situation informiert zu werden und Lösungen für ihre Probleme zu finden. In diesem Konflikt wird das Recht des Patienten auf Verschwiegenheit der Behandelnden als das höhere Rechtsgut bewertet.

Wenn es dazu kommt, dass Angehörige nach dem Willen der Betroffenen nicht einbezogen werden sollen, bedeutet dies, dass die familiäre Situation belastet ist und dass eine wichtige Unterstützungsquelle für den Betroffenen nicht zur Verfügung steht. Deshalb werden Ärzte und Therapeuten beim Patienten dafür eintreten, dass hier nach Lösungen gesucht werden kann und dass sich die familiäre Situation verbessert. Dies dient vor allem auch der weiteren Stabilisierung der Betroffenen. Dennoch sind Angehörige bisweilen enttäuscht oder verärgert, wenn sich Therapeuten anscheinend nicht ausreichend bemühen, sie in die Behandlung einzubeziehen.

Ein weiteres Problem besteht für Angehörige nicht selten darin, dass sie sich von Ärzten oder Therapeuten nicht verstanden oder gar beschuldigt fühlen. Auf Seiten der Professionellen gibt es zwei wesentliche Gründe dafür:

▶ Zeitdruck und eine Fülle unerledigter Aufgaben hindern daran, sich ausreichend Zeit zu nehmen, um den Angehörigen wirklich gerecht zu werden.

▶ Es gibt noch immer die Meinung, dass Angehörige durch problematisches Verhalten den Erkrankten gegenüber die Auslösung der Erkrankung herbeiführen können. Für diese Meinung gibt es keinen überzeugenden wissenschaftlichen Beleg, trotzdem wird sie vertreten. Wir können Sie nur ermutigen, dieser Meinung die Stirn zu bieten.

Therapeuten sollten sich unserer Meinung nach darüber klar sein, dass in den allermeisten Fällen sich niemand so langfristig um Betroffene kümmert und sich für sie einsetzt wie die Angehörigen. Dies ist der wesentliche Grund, warum die Einbeziehung der Angehörigen eine Selbstverständlichkeit sein sollte.

> **!** Wir möchten Sie, die Angehörigen, ermutigen, sich auch weiterhin für Ihr erkranktes Familienmitglied einzusetzen und die entsprechende Unterstützung durch das Hilfesystem in Anspruch zu nehmen. Gehen Sie dabei aber nicht über Ihre eigenen Grenzen achtlos hinweg. Nehmen Sie eigene Bedürfnisse ernst. Es ist z.B. langfristig nicht ratsam, auf jeden Urlaub zu verzichten, um dem Betroffenen jederzeit zur Verfügung zu stehen. Das kann auf Dauer nur in der eigenen Erschöpfung enden. Sprechen Sie mit anderen Angehörigen über Ihre Fragen.

6 Krisen erkennen und bewältigen

In diesem und im nächsten Kapitel möchten wir mit Ihnen eine ganz zentrale Strategie durchgehen, die Ihnen helfen wird, Ihre Stabilität aufrechtzuerhalten. Wir werden besprechen, wie Sie Krisen erkennen und bewältigen können. Dazu können Sie selbst beitragen und Ihrer Verantwortung für sich gerecht werden. Sie können dabei aber auch auf die Hilfe Ihrer Angehörigen und Ihrer Therapeuten zählen. Wenn alle an einem Strang ziehen, haben Sie gute Chancen, aus Krisen zu lernen und Rückfälle zu vermeiden.

Krisen gehören zum Leben. Niemandem geht es immer gleich, und jeder Mensch erlebt Zeiten, in denen es ihm nicht gut geht. Menschen, die eine psychotische Episode erlebt haben, haben jedoch ein erhöhtes Risiko, in eine erneute Krise zu geraten. Die Stabilität des seelischen Befindens ist ein wichtiges Ziel in der Behandlung und steht im Mittelpunkt der therapeutischen Zusammenarbeit. Diese Stabilität auch in Krisen wiederzugewinnen und zu bewahren ist oft eine Herausforderung. Dieses Kapitel soll Ihnen helfen, sich darauf vorzubereiten. Es wird hier darum gehen,

► Krisen erkennen zu lernen,
► über den Umgang mit Krisen nachzudenken und
► konkrete Vorbereitungen zu treffen, wie Sie eine Krise meistern können.

Häufig sind nicht nur die Betroffenen, sondern auch die Angehörigen durch Krisen belastet. Deshalb werden wir auch konkret auf die Situation der Angehörigen zu sprechen kommen. Je besser alle auf Krisen vorbereitet sind, umso mehr können Sie als Betroffener darauf vertrauen, dass Sie weiterhin gut zurechtkommen.

6.1   Krisen erkennen lernen

Krisen können durch ganz unterschiedliche Ereignisse ausgelöst werden. Dies können äußere Ereignisse sein, wie z.b. Prüfungen, der Tod eines nahe stehenden Verwandten oder der Verlust des Arbeitsplatzes. Andere Krisen sind durch innere Vorgänge begründet, z.b. durch viele Sorgen oder Selbstzweifel. Oft werden Krisen auch dadurch ausgelöst, dass jemand über längere Zeit an der oberen Grenze seiner Belastbarkeit lebt, sich tendenziell überfordert und nicht ausreichend auf Entlastung achtet. Je besser es einem Menschen gelingt, Überforderung zu vermeiden und Belastungen nur so weit auf sich zu nehmen, dass diese zu bewältigen sind, umso weniger wahrscheinlich ist es, in Krisen zu geraten. Strategien zur Bewältigung von Belastungen werden wir im folgenden Kapitel ansprechen. Zunächst wollen wir jedoch mit Ihnen überlegen, woran Sie nahende Krisen erkennen können.

Und jetzt Sie: Bitte überlegen Sie, wie die bisherigen Krankheitsphasen begonnen haben. Wenn Sie (bzw. Ihr Angehöriger) das erste Mal erkrankt sind, haben Sie möglicherweise den Eindruck, dass sich die Veränderungen nur sehr langsam eingestellt haben. Überlegen Sie dann bitte, ob sich nicht über den Zeitraum von mehreren Monaten oder sogar Jahren doch Veränderungen erkennen lassen. Notieren Sie Ihre Gedanken zu den folgenden Fragen!
- ▶ In welcher Lebenssituation waren Sie? Vor welchen Herausforderungen haben Sie gestanden? Welche Menschen spielten dabei eine Rolle?
- ▶ Was war die erste Veränderung, die Sie bemerkt haben, bevor die psychotische Episode begann?
- ▶ Wie hat sich Ihr Leben nach diesem Ereignis verändert?
- ▶ Welche seelischen Beschwerden sind bei Ihnen dann aufgetreten?

▶

- ▶ Wie lange hat es gedauert, bis die Symptome der Psychose voll ausgeprägt waren?
- ▶ Wie haben sich die genannten Beschwerden vor der Psychose bis zur akuten Erkrankung entwickelt? Haben die Beschwerden immer weiter zugenommen? Ist es möglich, zwischen ersten, unsicheren Zeichen einer Krise und späteren, sicheren Zeichen zu unterscheiden?
- ▶ Gab es Erlebnisse in dieser Zeit, die Sie positiv empfanden und die Sie nicht missen möchten? So haben manche Patienten z.b. von verbessertem Selbstwertgefühl, hohem Leistungsvermögen und intensiven Gefühlen im Vorfeld eines Rückfalls berichtet.

Was sind Frühsymptome?

Einige der Erlebnisse, die Sie notiert haben, können als so genannte Frühsymptome verstanden werden. Frühsymptome sind solche Beschwerden, die zeitlich vor den Hauptsymptomen der Psychose auftreten und eine nahende, aber noch nicht begonnene Psychose ankündigen.

Welche Frühsymptome bei einem Menschen auftreten, kann sehr unterschiedlich sein. Allerdings gibt es typische Frühsymptome, die wir jetzt vorstellen wollen, weil sie häufig von unseren Patienten berichtet werden. Möglicherweise kommt Ihnen die nachfolgende Aufzählung sehr lang vor. Dann schauen Sie doch einfach nur die Stichworte am Beginn jedes Absatzes durch und lesen nur dort näher nach, wo Sie etwas interessiert. Uns ist wichtig, Sie anzuregen, selbst eine klare Vorstellung davon zu entwickeln, wie bei Ihnen (bzw. Ihrem Angehörigen) Frühsymptome aussehen. Aus diesem Grund haben wir bei den jeweiligen Erläuterungen jeweils auch die Perspektive der Angehörigen aufgegriffen. Alle folgenden Beschwerden können Frühsymptome sein.

Reizbarkeit. Als reizbar kann jemand bezeichnet werden, der auch schon bei geringfügigen Anlässen ärgerlich oder unwirsch reagiert. Die Heftigkeit der Reaktion und das auslösende Ereignis passen dabei nicht gut zueinander. Die Angehörigen des Betroffenen sind dabei oft überrascht, fühlen sich missverstanden und reagieren ihrerseits mit Ärger oder Vermeidung eines weiteren Kontakts.

Nervosität. Als nervös beschreiben sich Menschen, die sich viele Sorgen machen, die nicht entspannen können und sich aufgrund dieser inneren Beunruhigung nicht wohl fühlen. Angehörige bekommen diesen Zustand schnell mit und leiden nicht selten ebenfalls darunter. Sie können sich dabei leicht als hilflos empfinden.

Unruhe. Nervosität kann sich auch in Verhaltensweisen zeigen, die von außen als Unruhe beobachtbar sind, z.B. häufiges Aufstehen, häufig wechselnde Aktivitäten oder das Unvermögen, Tätigkeiten über lange Zeit durchzuhalten. Auch dieses Frühsymptom ist für Angehörige schnell offensichtlich und kann als Belastung erlebt werden.

Schlafstörungen. Diese können in ganz unterschiedlicher Form auftreten. Manche Menschen erleben Probleme beim Einschlafen und liegen zunächst länger wach, während sie sich mit vielen drängenden Gedanken beschäftigen. Andere Menschen werden in der Nacht mehrfach wach. Wieder andere können nicht mehr so lange schlafen, wie sie es von sich kennen. Während viele Menschen Situationen kennen, in denen sie mal eine Nacht schlecht oder gar nicht schlafen, muss es als dringendes Zeichen einer Krise verstanden werden, wenn jemand zwei Nächte hintereinander nicht oder schlecht schläft.

Appetitverlust. Hiermit ist nicht gemeint, dass einem mal eine Mahlzeit nicht schmeckt. Vielmehr geht es darum, dass jemand über mehrere Tage hinweg die Lust am Essen verliert oder das Interesse an Mahlzeiten deutlich weniger wird.

Veränderung der Ess- oder Trinkgewohnheiten. Im Vorfeld von Krisen haben Betroffene berichtet, dass sie bei sich veränderte Verhaltensweisen beobachtet haben, was das Essen und Trinken betrifft (z.B. andere Uhrzeiten des Essens und Trinkens oder andere, ganz konkrete Verhaltensweisen). Ein Patient z.b. sorgte sich plötzlich um die Qualität seiner Nahrung und begann, nur neu angebrochene Verpackungen zum Kochen zu verwenden. Auch halb oder drei Viertel gefüllte Packungen warf er jetzt immer weg. Nach einigen Monaten traten Vergiftungsängste auf. Für die Angehörigen sind diese veränderten Gewohnheiten oft schnell auffällig und haben auch Einfluss auf ihre Lebensführung.

Konzentrationsstörungen. Damit sind Probleme gemeint, sich über längere Zeit hinweg mit einer Sache zu beschäftigen. Bei gravierenden Konzentrationsstörungen kann es sogar schwer fallen, Zeitung zu lesen. Aber auch schon leichtere Konzentrationsstörungen können zu Schwierigkeiten bei der Arbeit führen, da die Arbeit immer wieder unterbrochen werden muss, Pausenzeiten verlängert werden und die Leistung insgesamt nachlässt. Hier kommt es häufig auch zu Konflikten mit den Vorgesetzten.

Sozialer Rückzug. Für eine begrenzte Zeit ist das Bedürfnis, mal allein sein zu wollen, verständlich und normal. Verliert man jedoch über längere Zeiträume hinweg das Interesse am Kontakt mit Mitmenschen und fühlt sich am wohlsten, wenn man mit sich ganz allein ist, dann ist das bei vielen Betroffenen ein Hinweis auf eine herannahende Krise. Die Angehörigen erleben dann häufig, dass die Betroffenen nicht mehr aus dem Haus gehen wollen, sich nur noch in ihrem Zimmer aufhalten, wenig sprechen und sich offensichtlich viel mit sich selbst und ihren eigenen Gedanken beschäftigen.

Vernachlässigung der äußeren Erscheinung. Menschen sind sehr unterschiedlich darin, wie sehr sie auf ihre äußere Erscheinung achten. An ein Frühsymptom ist jedoch immer dann zu denken, wenn die individuellen Maßstäbe sich in ungünstiger Weise verändern. Wenn zum Beispiel jemand, der sich modisch und ordentlich kleidet, auf einmal abgetragene und verschmutzte Kleidungsstücke trägt, so kann dies ein Zeichen für eine herannahende Krise sein.

Veränderung im Tagesablauf. Viele Betroffene haben vor einer Krise erlebt, dass sie zunehmend schwer morgens aus dem Bett kommen und bis in den Tag hinein liegen bleiben. Nicht selten bleiben sie dann lange wach. So verschiebt sich der Tagesrhythmus.

Leistungsabfall in Beruf oder Ausbildung. Weiter oben wurden schon Konzentrationsstörungen als Frühsymptom genannt. Manchmal werden diese jedoch nicht wahrgenommen oder vom Betroffenen selbst nicht beachtet. Dann kann es zu Konflikten mit den Vorgesetzten kommen oder in der Schule zu plötzlich schlechteren Noten. Man sollte sich dann fragen, inwieweit ein verschlechtertes Befinden Grund für einen solchen Leistungsabfall sein kann.

Depressive Verstimmung. Gefühle der Niedergeschlagenheit, Traurigkeit, Hoffnungslosigkeit kommen in unterschiedlichen Schweregraden vor. Depressive Verstimmungen sind nicht ungewöhnlich und können bei jedem Menschen vorkommen. Wenn sie jedoch über Tage und Wochen anhalten, stellen sie ein Warnsignal dar.

Einengung der Interessen. Wenn jemand, der verschiedenen Interessen und Hobbys regelmäßig nachgeht, plötzlich dazu keine Lust mehr hat, kann dies ein Frühsymptom sein. Auch gilt: „Keine Lust" kann mal ganz „normal" sein und nichts weiter bedeuten. Wenn sich Interessen allerdings plötzlich und abrupt ändern, kann dies ein Warnzeichen sein.

Schwächegefühl. Mit diesem Begriff bringen Betroffene zum Ausdruck, dass sie sich weniger belastbar fühlen, irritierbar, auch sozial verunsichert oder auch einfach nur häufig müde und erschöpft sind. Häufig ist dieses Gefühl für Betroffene schwer, in konkrete Worte zu fassen.

Misstrauen. Als misstrauisch kann jemand bezeichnet werden, der sich viele Gedanken über die Absichten anderer Menschen macht und dabei geneigt ist, anderen bösartige oder feindselige Ziele zu unterstellen. Misstrauen ist etwas anderes als die Gewissheit, Opfer einer ungerechtfertigten Benachteiligung oder

Verfolgung zu sein. Vielmehr bezeichnet Misstrauen eine ständig wiederkehrende Sorge und die Zweifel an den Absichten der anderen Menschen. Ein solches häufiges Auftreten von Misstrauen kann als Zwischenstadium zwischen Beschwerdefreiheit und einem Verfolgungswahn sein. Nicht selten sind gerade auch die Angehörigen des Betroffenen in die misstrauischen Gedanken einbezogen. Dadurch wird der Kontakt innerhalb der Familie erschwert.

Aggressivität. Wie bei den anderen Warnzeichen gibt es auch hier eine große Bandbreite von Verhaltensweisen, die als aggressiv bezeichnet werden können. Wiederum sind die individuellen Maßstäbe sehr unterschiedlich. Je nachdem, wie ein Mensch in Zeiten seelischen Wohlbefindens mit anderen umgeht, fallen andere Verhaltensweisen auf. Ist bei dem einen schon ein forsches, burschikoses Auftreten auffällig, so ist beim anderen erst die häufige Verwendung von Schimpfworten oder das Aussprechen wüster Beschimpfungen den Mitmenschen gegenüber ein Warnzeichen für eine Krise.

Geräuschempfindlichkeit. Manche Betroffene berichten, dass sie sich schon durch leise Geräusche beeinträchtigt fühlen und bei einer größeren Geräuschkulisse ihre Konzentration verlieren. Wiederum geht es hier vor allem um eine individuelle Veränderung. Von einem Frühsymptom wäre vor allem dann zu sprechen, wenn jemand, dem der übliche Straßenlärm normalerweise nichts ausmacht, sich plötzlich dadurch beeinträchtigt fühlt.

Grundloses Unwohlsein. Mit dieser Beschreibung bringen viele Betroffene zum Ausdruck, dass sie nicht selten gar nicht wissen, warum sie sich nicht wohl fühlen. Es ist ihnen nicht mehr möglich, zu sagen, was eine Veränderung des Erlebens ausgelöst hat. Es kann aber als Warnsignal dienen, ein solches Unwohlsein überhaupt bei sich zu erkennen.

Zwangsgedanken. Zwangsgedanken sind solche Gedanken, die sich immer wieder aufdrängen und die trotz des Bemühens, an etwas anderes zu denken, nicht zur Seite zu schieben sind. Dieses Erleben kann so weit gehen, dass anstehende Aufgaben nicht mehr so gut bewältigt werden können, da die Gedanken immer wieder abschweifen.

Unbestimmte Ängste. Hiermit sind Sorgen oder Befürchtungen gemeint, die sich immer wieder aufdrängen und die angstvoll erlebt werden. Sie sind häufig nicht konkret, sondern drücken eher eine allgemeine Verunsicherung aus.

Das Gefühl, beobachtet oder ausgelacht zu werden. Betroffene berichten, dass sie manchmal vermuten, beobachtet oder ausgelacht zu werden. Am Anfang ist dies oft ein unklares Gefühl. Bald kann es jedoch zu einer Verstärkung dieser Befürchtung und später zur wahnhaften Gewissheit kommen, verfolgt zu werden. Wenn also plötzlich wieder Zweifel über die Absichten anderer Menschen auftauchen, kann dies ein Warnsignal sein. Angehörige bemerken solche Veränderung häufig auch direkt im Zusammenleben, z.b. durch gereizte Bemerkungen des Betroffenen.

Schlechte Träume. Manche Menschen träumen viel, intensiv und häufig, andere wiederum nur sehr selten. Es geht hier vor allem um die Veränderungen: Wenn jemand, der selten träumt, plötzlich viele schlechte Träume erlebt, kann dies ein Warnsignal sein.

Plötzliche Ablehnung der Medikamenteneinnahme. In den vorangegangenen Kapiteln haben wir besprochen, dass es bei einigen Patienten ein Zeichen einer psychotischen Episode ist, dass die bestehenden Beeinträchtigungen und Symptome nicht als solche erkannt werden können. Dies wird dann häufig begleitet von einer Ablehnung der Behandlung. Insofern kann es ein Frühsymptom sein, wenn jemand, der bislang von der Notwendigkeit der Medikamenteneinnahme im Rahmen einer rückfallverhütenden Behandlung überzeugt war, diese Behandlung plötzlich beendet und nunmehr ablehnt. Hier ist zu unterscheiden zwischen einer reflektierten und geplanten, medizinisch u.U. sinnvollen (und mit dem Arzt abgesprochenen) Beendigung der medikamentösen Behandlung und einer plötzlichen Beendigung der Medikamenteneinnahme im Zusammenhang mit einer herannahenden Krise.

Plötzlich zunehmende Religiosität. Religiosität als solche stellt selbstverständlich kein Symptom einer Erkrankung dar. Patienten haben jedoch berichtet, dass sie im Zusammenhang mit einer herannahenden Krise eine auffällige Veränderung dahin gehend erlebt haben, dass sie sich plötzlich sehr intensiv mit religiösen Gedanken und Überzeugungen beschäftigen. Auch hier ist vor allem die Veränderung als solche die Auffälligkeit – es sollte subjektiv geprüft werden, ob ein Frühsymptom vorliegt.

Zunehmende Konflikte mit anderen. Wie besprochen, können im Zusammenhang mit einer herannahenden Krise viele Verhaltensweisen geändert sein. Solche Veränderungen haben Auswirkungen auf die Angehörigen, Vorgesetzten, Kollegen, Freunde und Nachbarn. Insofern können auch zunehmend auftretende Konflikte ein äußeres Zeichen einer herannahenden Krise auf Seiten des Betroffenen sein.

Diese Liste ist so lang geworden, weil die Frühwarnzeichen so unterschiedlich sein können. Aus diesem Grund ist besonders wichtig, dass Sie als Betroffener die bei Ihnen persönlich auftretenden Frühsymptome erkennen und einschätzen lernen.

! Bei Frühwarnzeichen geht es immer um eine Abweichung von einer gewohnten Befindlichkeit oder Verhaltensweise. Insbesondere rasche Veränderungen sollten besonders sorgfältig daraufhin überprüft werden, ob sie Ausdruck einer Rückfallgefährdung sind.

Wer ein strukturiertes Tagebuch führt (s. Kap. 5; Arbeitsblatt 1, Anhang), ist im Vorteil. Abweichungen von Ihrem gewohnten Befinden sehen Sie in diesem Tagebuch sehr rasch. Wenn Sie das kurze Tagebuch führen, haben Sie unmittelbar vor Augen, ob eine Veränderung eingetreten ist und welchen Lebensbereich diese betrifft. Dies gilt auch für die Maßnahmen, die Sie dann ergreifen. Sie können sehen, wie sich diese auswirken und zu einer Besserung der Situation führen.

! Oft ist es schwierig, die subjektiv erlebte Veränderung in Worte zu fassen. Das ist nicht schlimm, weil es vor allem darauf ankommt, dass jeder Betroffene ein persönliches Muster an Veränderungen erkennen lernt, mit dem er eine herannahende Krise bemerken kann. Die hier beschriebene Aufzählung kann dabei nur eine Hilfe sein und die persönliche Auseinandersetzung mit den Erlebnissen in den Krisen nicht ersetzen.

Oft ist es möglich, zu unterscheiden, welche Frühsymptome erst sehr kurz vor einem Rückfall auftreten und welche schon weit im Vorfeld auftreten. So ist z.b. Misstrauen den Kollegen gegenüber und ein damit einhergehendes häufigeres Auftreten von aggressiven Verhaltensweisen am Arbeitsplatz ein drängenderes Zeichen für einen Rückfall als z.b. „nur" die Verlängerung der Einschlafdauer. Entscheidend ist hier die individuelle Reihenfolge der Symptome bei früheren Krankheitsphasen.

Diese Unterscheidung von frühen und späten Frühsymptomen ist vor allem für die Bewertung neu auftretender Beschwerden wichtig. Bei frühen Frühsymptomen bleibt oft noch Zeit, die Entlastungsmaßnahmen in Ruhe zu planen und durchzuführen, wohingegen bei späten Frühsymptomen entschlossen und ohne weitere Verzögerung gehandelt werden sollte.

! Die Bewertung von erlebten Veränderungen als Frühsymptom ist einer der wichtigsten Punkte bei der Krisenbewältigung. Es geht ja nicht darum, bei jeder minimalen Veränderung im Übermaß alarmiert zu sein. Wenn aber bekannte Frühzeichen eines Rückfalls auftreten und als solche bemerkt und bewertet werden, dann kommt es darauf an, die notwendigen Schritte zur Vermeidung des drohenden Rückfalls zu tun.

Die Frage, ob eine erlebte Veränderung Ihres Befindens als Früh-symptom anzusehen ist, sollten Sie immer mit nahe stehenden Menschen besprechen. Ihre Angehörigen, Ihr Psychiater und Ihr Psychotherapeut können Sie hier beraten und Handlungsschrit-te mit Ihnen überlegen. Die Frage, wie auf Frühsymptome rea-giert werden kann, werden wir nun besprechen.

6.2 Krisen lassen sich bewältigen

Eine Krise verläuft etwa so: Zunächst finden sich ganz leichte Zeichen für eine beginnende Verschlechterung. Dann gibt es ei-ne Zeit, in der die Beschwerden einmal stärker, einmal schwä-cher werden, insgesamt aber deutlich an Intensität zunehmen. Diese Zeit kann man als optimales diagnostisches und thera-peutisches Fenster bezeichnen: Die Beschwerden sind einerseits deutlich genug, um erkannt zu werden, andererseits jedoch sind

sie noch nicht so stark, dass sie Gegenmaßnah-men bereits erschweren. In dieser Zeit besteht noch die Chance, rasch und nachhaltig zu rea-gieren, um die Sympto-me zu bekämpfen und zur Restabilisierung bei-zutragen. Der entschei-dende Punkt ist, auf eine Krise vorbereitet zu sein und wirksame Strategi-en zur Vermeidung von Rückfällen einzusetzen (s. Abb. 7).

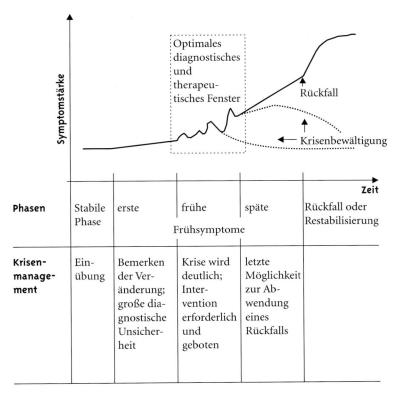

Phasen	Stabile Phase	erste	frühe Frühsymptome	späte	Rückfall oder Restabilisierung
Krisen- manage- ment	Ein- übung	Bemerken der Ver- änderung; große dia- gnostische Unsicher- heit	Krise wird deutlich; Inter- vention erforderlich und geboten	letzte Möglichkeit zur Ab- wendung eines Rückfalls	

Abbildung 7. Therapiestrategie bei der Krisenbewältigung – markiert ist auch der günstigste Zeitpunkt, Frühsymptome zu erkennen und zu behandeln

An anderer Stelle (Kap. 5) haben wir das Waage-Modell psychischer Störungen besprochen. In diesem Modell kann man eine Krise so verstehen, dass das Ausmaß der Belastungen anfängt, die individuelle Belastbarkeit zu übersteigen. Deshalb muss es in einer Krise zunächst vor allem darum gehen, die Belastung rasch zu reduzieren und Maßnahmen zur Förderung der Belastbarkeit zu ergreifen.

Was können Betroffene tun

Der wichtigste Punkt für Betroffene ist – unserer Erfahrung nach –, dass die Frühwarnzeichen ernst genommen werden. Gehen Sie ehrlich mit sich um! Nehmen Sie sich Zeit, um sich über Ihre Situation klar zu werden, und beziehen Sie bei diesem Prozess nahe stehende Menschen ein. Bedenken Sie, dass Sie für sich und Ihr langfristiges Wohlergehen verantwortlich sind. Aus Berichten von Betroffenen wissen wir, dass folgende Verhaltensweisen hilfreich sein können:

- ▶ Ruhezeiten einhalten und ggf. verlängern
- ▶ Entspannungsübungen durchführen
- ▶ soziale Aktivitäten reduzieren
- ▶ Urlaub nehmen
- ▶ Krankschreibung in Anspruch nehmen, wenn deutliche Frühsymptome auftreten.

Diese Maßnahmen sollen helfen, die Belastung zu reduzieren, die zumeist am Beginn einer Krise steht. Darüber hinaus wissen wir von Betroffenen, dass es in Krisensituationen hilfreich ist, Angehörige, Freunde und Therapeuten anzusprechen. Dies mag nicht immer leicht sein. Es bedeutet ja immer auch das Eingeständnis, dass nicht alles in Ordnung ist. Andererseits nehmen Sie so Verantwortung für sich wahr und haben die Chance, die Krise zu bewältigen.

- ▶ Sprechen Sie mit Angehörigen und Freunden insbesondere darüber, dass Sie Frühwarnzeichen erleben. Fragen Sie nach, ob auch Ihre Angehörigen und Freunde diese Veränderungen im Alltag und im Zusammenleben bemerkt haben.
- ▶ Sprechen Sie mit dem Arzt und dem Psychotherapeuten über die Bewertungen der Beschwerden (sind es wirklich Frühwarnzeichen?) sowie über die Belastungen, die hierbei möglicherweise eine Rolle spielen.

Auf die möglichen Inhalte dieser Gespräche kommen wir im weiteren Verlauf dieses Kapitels zu sprechen. Immer aber geht es darum, die Beschwerden und die konkreten Möglichkeiten der Krisenbewältigung einzuschätzen. Je besser Sie über Ihre Erkrankung Bescheid wissen, umso besser können Sie sich in Krisen helfen und helfen lassen. Ihr Einsatz lohnt sich also.

Was können Angehörige tun?

Als Angehöriger stehen Sie – genauso wie professionelle Helfer – während einer Krise des Betroffenen vor einer grundsätzlichen Abwägung: Ihnen liegt das Wohl des Betroffenen am Herzen. Sie wollen Unterstützung leisten. Dieses Bedürfnis wird umso größer, je weniger der Betroffene selbst gut für sich sorgt. Auf der anderen Seite sind Betroffene selbst für sich verantwortlich und müssen entscheiden, von wem sie Hilfe in Anspruch nehmen – sofern sie überhaupt einen Hilfebedarf bei sich erkennen. Ohne die grundsätzliche Bereitschaft des Betroffenen, Hilfe von den Angehörigen anzunehmen, können Sie – wiederum wie die professionellen Helfer – keine wirksame Hilfe leisten. Eine Krise zu erleben bedeutet für viele Betroffenen, einen Fehlschlag zu erleiden, Selbstvertrauen zu verlieren und eine Bedrohung ihrer Selbständigkeit zu erleiden.

> **!** Besonders wichtig ist es, im Vorfeld von Rückfällen die möglichen Hilfestellungen zu besprechen und Absprachen zu treffen. In der Krise kommt es dann darauf an, die abgesteckten Grenzen nicht zu überschreiten und sich an zuvor getroffene Vereinbarungen zu halten. So kann der Betroffene auch in einer Krise erleben, dass er respektiert wird und dass seine Meinung etwas gilt.

Wir schlagen vor, dass beim Auftreten von Frühwarnzeichen ein Gespräch zwischen Ihnen und dem Betroffenen stattfinden sollte. Es wäre schön, wenn Sie und der Betroffene sich gemeinsam darüber klar sind, dass Sie als Angehöriger mit dem Hinweis auf Frühsymptome Unterstützung leisten wollen und Hilfe anbieten möchten. Auf der anderen Seite bleibt es die Verantwortung des Betroffenen, inwieweit er diese Hinweise aufgreifen möchte. Unterstützung können Sie als Angehöriger in folgenden Punkten leisten:

► Bewertung der Frühsymptome: Sie kennen den Betroffenen schon sehr lange und können helfen, Beschwerden einzuordnen. Es ist hilfreich, wenn Sie hier klare Botschaften geben und Ihre Einschätzungen deutlich mitteilen. Beispiel: „Du hast jetzt zwei Nächte kaum geschlafen. Wir hatten abgemacht, dass du in diesem Fall sofort zum Arzt gehst. Also tu das bitte."

► Hilfe bei Entscheidungen: Oft ist es für Betroffene hilfreich, wenn sie bei Entscheidungen unterstützt werden, z.B. bei der Frage, einen zusätzlichen Arztbesuch zu vereinbaren oder vorübergehend mehr Medikamente einzunehmen. Diese Hilfe ist umso wertvoller, je mehr sie letztlich die Entscheidung beim Betroffenen belässt. Nur dann kann die Hilfe angenommen werden und wird nicht als Bevormundung erlebt. Regelmäßige Kontakte: Sie sind in einer Krise sehr wertvoll, da sie Halt bieten und zur Stabilisierung beitragen können. Das muss nicht immer ein langes Gespräch sein, sondern die Hilfe kann auch darin bestehen, dass der Betroffene nicht allein ist.

► Umsetzung von Abmachungen: Wenn im Krisenplan Abmachungen getroffen wurden, sollte versucht werden, diese in jedem Fall einzuhalten.

► Begleitung zum Arzt: Dies kann einerseits die Hemmschwelle vor dem Arztbesuch senken und andererseits dem Arzt weitere Informationen zur Bewertung der Krise zur Verfügung stellen.

Wenn ein Patient in einer Krise, die nicht lebensbedrohlich ist, keine Hilfe in Anspruch nehmen möchte, können sowohl Angehörige als auch professionelle Helfer nichts tun. Die Bedingungen, unter denen Behandlung auch gegen den Willen des Betroffenen möglich ist, haben wir in Kapitel 5.2 besprochen. Vor allem für die Angehörigen ist dies oft sehr schmerzhaft, da sie mit ansehen müssen, wie durch die Erkrankung die beruflichen Chancen, die Freundschaften und die soziale Stellung eines geliebten Menschen gefährdet sind.

> **!** Gelegenheit zur Entlastung bieten Angehörigengruppen
> (s.a. Kap. 10.2), in denen ein Austausch unter Gleichbetrof-
> fenen möglich ist. Hier können Sie sich vergewissern, ob alles
> versucht wurde, um die Krise abzuwenden.

Was kann der Psychiater tun?

Der Psychiater, der die langfristige Betreuung des Patienten
übernommen hat und die antipsychotische Medikation verord-
net und überwacht, ist ein wichtiger Ansprechpartner in einer
Krisensituation. Er kann u.a. Folgendes für den Patienten tun:

▶ Unterstützung bei der Bewertung der Beschwerden (sind die
Beschwerden Frühsymptome?)

▶ Vereinbarung engmaschiger Kontakte, um sicherzustellen,
dass eine weitere Verschlechterung nicht unbemerkt bleibt
und dass weiter gehende Behandlungsmaßnahmen eingeleitet
werden können

▶ Krankschreibung zur unmittelbaren Entlastung

▶ Veränderung der Medikation, insbesondere eine vorübergehende Erhöhung des kontinuierlich verabreichten Medikaments oder Neuansetzen eines zusätzlichen Medikaments

▶ Vermittlung weiterer Behandlungsmaßnahmen (Fachdienste,
Psychotherapie, Rehabilitation, Aufnahme ins Krankenhaus
etc.).

Auch aus der Auflistung dieser Maßnahmen wird deutlich, dass
nur mit Zustimmung des Betroffenen eine konstruktive Hilfe-
leistung möglich ist. Dies gilt vor allem auch für die medikamentösen Maßnahmen.

> **!** Eines der wirksamsten Mittel zur Vermeidung von Rückfäl-
> len sind die antipsychotischen Medikamente.

Antipsychotische Medikamente können ein Wiederauftreten der
Erkrankung verhindern. Dies gilt insbesondere dann, wenn sie

in ausreichender Dosierung gegeben werden. Am besten ist es, wenn Sie schon in einer stabilen Phase für sich entscheiden, ob Sie mit einer medikamentösen Behandlung in einer Krise einverstanden sind. Hier sollten Sie sorgfältig Ihre bisherigen Erfahrungen mit Medikamenten bedenken. Wenn Sie ein Medikament kennen, das Ihnen schon einmal gut geholfen hat und gut verträglich war, ist dies eine sehr gute Voraussetzung. Besprechen Sie mit Ihrem Arzt, ob nicht eine vorübergehende Erhöhung oder die zusätzliche Gabe eines weiteren Medikaments hilfreich bei der Beendigung der Krise sein kann. Wenn Sie Medikamente früher nicht gut vertragen haben, stehen Sie vor einer schwierigen Abwägung: Einerseits treten möglicherweise Nebenwirkungen erneut auf, andererseits kann Sie ein Rückfall wieder aus der Bahn werfen und Ihre Pläne (z.b. zu Beruf und sozialen Kontakten) durchkreuzen.

Was kann der Psychotherapeut tun?

Die Hauptaufgabe des Psychotherapeuten im Zusammenhang mit der Krisenbewältigung ist es, mit Betroffenen und Angehörigen Strategien zur Krisenerkennung und Krisenbewältigung zu erarbeiten und einzuüben. Darüber hinaus geht es vor allem darum, Krisen vorzubeugen, indem die Beteiligten Strategien erlernen und anwenden, die dazu dienen, Überlastungen zu vermeiden. In einer Krisensituation kann ein Psychotherapeut daher vor allem Folgendes tun:

▶ Besprechung der erlebten Beschwerden (welche Symptome traten auf und wie sah dies genau aus? Art, Dauer und Häufigkeit der Beschwerden)
▶ Klärung der Frage, ob die Symptome Warnhinweise für einen Rückfall sind (dies ist nicht immer leicht zu beurteilen; da aber mit dem Psychotherapeuten schon Gespräche über frühere Krisen geführt wurden, können diese Informationen zur Beurteilung der jetzigen Situation hilfreich sein)
▶ wenn erforderlich: Planung von Maßnahmen (z.B. Vereinbarung engmaschiger Kontakte, Krankschreibungen, Verän-

derung der Medikation, Vermittlung weiterer Behandlungsmaßnahmen, wie Fachdienste, Psychotherapie, Rehabilitation, Aufnahme ins Krankenhaus etc.).

6.3 Krisenbewältigung konkret vorbereiten: der Krisenplan

Bisher ging es darum, eine Krise zu erkennen und die konkreten
Möglichkeiten kennen zu lernen, wie eine Krise zu bewältigen
ist. Als Nächstes geht es um eine Planung für Ihre individuelle
Situation. Dies nennen wir Krisenplan. Ein Krisenplan ist wie
ein Erste-Hilfe-Koffer für den Fall der Fälle. Er ist voll gepackt
mit hilfreichen Dingen und schnell zur Hand. Wie Sie als Betroffener und Angehöriger Ihren ganz persönlichen Erste-Hilfe-
Koffer packen, erfahren Sie auf den nächsten Seiten.
  Wir schlagen dazu vor, dass sowohl aus Sicht des Betroffenen
als auch aus Sicht der Angehörigen je ein Krisenplan erstellt
wird – denn beide Seiten können einen Beitrag zur Bewältigung
von Krisen leisten. Wichtig ist, dass Ihre Situation und die
Handlungen beider Seiten vorher besprochen werden.

Krisenplan für Betroffene

Den Krisenplan finden Sie als Arbeitsblatt 2 im Anhang.
Wir möchten hier die einzelnen Punkte besprechen, zu
denen Sie dort Eintragungen machen können und sollten.
Frühsymptome. Tragen Sie oben im Bogen die Frühsymptome ein, die für Sie gut erkennbar sind. In der Regel werden dies nicht mehr als zwei oder drei sein. Denken Sie daran,
sowohl frühe als auch späte Frühsymptome zu berücksichtigen.
Handlungsschritte. („Wenn ich eines dieser Frühsymptome bemerke, werde ich Folgendes tun:") Wir machen Ihnen hier den
Vorschlag, folgende Maßnahmen zu planen:
▶ Gesprächspartner festlegen („Ich spreche über diese Frühsymptome mit – Name, Anschrift, Telefon"): Es ist günstig,

hier nicht nur den Namen zu notieren, sondern auch die Telefonnummer, damit Sie ggf. nicht erst lange suchen müssen.

▶ Entlastende Maßnahmen („Zusätzliche Entlastung kann ich erreichen durch"): Tragen Sie hier ein, wie Sie sich persönlich entlasten können. Wenn Sie ein Entspannungsverfahren erlernt haben, nutzen Sie diese Fertigkeiten auch hier.

▶ Medikation („Die Medikation werde ich folgendermaßen verändern"): Planen Sie zusammen mit Ihrem Psychiater die Vorgehensweisen im Fall einer Krise. Ausgehend von Ihrer individuellen Medikation können Absprachen getroffen werden, welche Erhöhung oder ggf. welche zusätzlichen Medikamente in welcher Dosierung sinnvoll sind. Eine Notfalldosis mit sich zu führen kann sinnvoll sein, insbesondere dann, wenn Sie die vertraute Umgebung verlassen.

▶ Sonstige Maßnahmen: Notieren Sie, was Sie mit Ihren Angehörigen für den Fall einer Krise ausgemacht haben oder was Ihnen sonst noch als hilfreiche Maßnahme einfällt.

Planen Sie zuletzt, wo Sie den Krisenplan aufbewahren. Er sollte nicht mitten in einem Aktenordner hinten im großen Schrank verschwinden, sondern leicht greifbar sein. Wie wäre z.B. die Innenseite der Tür Ihres Kleiderschranks? Oder haben Sie Platz in Ihrem Kalender? Wo sonst drängt sich der Krisenplan nicht auf, ist aber jederzeit auffindbar?

Krisenplan für Angehörige

Den Krisenplan für Angehörige finden Sie als Kopiervorlage im Anhang (Arbeitsblatt 3). Wir schlagen Ihnen einige Eintragungen vor.

Frühsymptome. Tragen Sie oben im Bogen die Frühsymptome ein, die aus Ihrer Perspektive als Angehörige besonders wichtig und besonders gut erkennbar sind. Es kommt oft vor, dass die Angehörigen dabei völlig andere Beschreibungen vornehmen als die Betroffenen. Dies liegt an der unterschiedlichen Perspektive und Wahrnehmung.

Gesprächspartner festlegen. „Ich spreche über diese Frühsymptome mit – Name, Anschrift, Telefon" Selbstverständlich sollte der Betroffene der Erste sein, mit dem Sie über Ihre Beobachtungen sprechen. Es kann aber durchaus sinnvoll sein, mit dem Patienten zu vereinbaren, dass Sie den behandelnden Psychiater oder andere für die Betreuung des Patienten wesentliche Personen über Ihre Beobachtungen informieren. Dann ist es günstig, hier nicht nur den Namen zu notieren, sondern auch die Telefonnummer, damit Sie ggf. nicht erst lange suchen müssen.

Weitere Unterstützungsmaßnahmen. Alle weiteren Eintragungen auf diesem Bogen sollten grundsätzlich mit dem Betroffenen in einer stabilen Phase besprochen werden. Treffen Sie Vereinbarungen darüber, ob Unterstützung bei der Medikamenteneinnahme erforderlich ist oder nicht. Treffen Sie Vereinbarungen über konkrete Verhaltensweisen, z.b. wie oft Sie auf die aus Ihrer Sicht notwendige Behandlung zu sprechen kommen.

Wie der Betroffene sollten auch Sie überlegen, wo Sie den Krisenplan aufbewahren. Die hier getroffenen Vereinbarungen geraten auch einmal in Vergessenheit. In einer Krisensituation sollten Sie sich dennoch daran halten und den Krisenplan wieder auffinden können.

6.4 Wenn Frühsymptome auftreten ...

Sie sind jetzt gut gerüstet und haben Ihren Krisenplan erstellt. Bevor wir jedoch weitergehen, möchten wir noch auf die folgenden wichtigen Fragen zu sprechen kommen. Ihr Krisenplan kann Ihnen nur helfen, wenn mehrere Voraussetzungen erfüllt sind:

► Sie haben Frühsymptome notiert, die Sie erkennen können. Darüber hinaus bringen Sie die Bereitschaft mit, Hinweise Ihrer Angehörigen über Frühsymptome ernst zu nehmen.
► Sie sind bereit, im Fall des Auftretens von Frühsymptomen die geplanten Maßnahmen umzusetzen.

▶ Die Planung war richtig, und die Maßnahmen sind ausreichend, um eine Krise abzuwenden.

Frühsymptome erkennen und ernst nehmen. Nicht immer gelingt es den Betroffenen selbst, die Frühsymptome zu erkennen. Dies ist leichter gesagt als getan. Bedenken Sie jedoch, dass Sie nicht allein sind und dass Sie sich Hilfe holen können, wenn Sie im Zweifel sind. Ihre Angehörigen kennen Sie schon lange und werden bemerken, wenn Veränderungen auftreten, die Sie nicht erkennen. Prüfen Sie, ob es sich nicht lohnt, Krisenmaßnahmen allein schon aufgrund der Beobachtungen Ihrer Angehörigen einzuleiten. Darüber hinaus wurde uns oft berichtet, wie schwer es fallen kann, zu akzeptieren, dass jetzt eine Krise eingetreten ist. Es gibt Situationen, in denen man das nicht wahrhaben möchte und lieber wegschaut, als sich der Krise zu stellen. Diese Haltung ist verständlich, aber nicht hilfreich für Ihr Ziel einer dauerhaften Stabilität. Wir wünschen Ihnen den Mut, mit sich aufrichtig zu sein.

Gute Gründe, den Plan einzuhalten. „Ich wollte einfach nicht wieder mehr Medikamente nehmen" oder „Ich war nicht bereit, wieder ins Krankenhaus zu gehen" sind Sätze, die wir von Betroffenen gehört haben, welche zwar die eingetretene Krisensituation erkannt hatten, dann aber doch nicht bereit waren, die geplanten Maßnahmen umzusetzen. So kam es, dass der Krisenplan nutzlos geblieben ist. Aufgrund solcher Erfahrungen möchten wir Ihnen Folgendes raten: Nehmen Sie die Planung ernst, und schreiben Sie keine Maßnahmen auf, die Sie nicht auch umzusetzen bereit sind. Wenn eine Planung jedoch mit Ihrer Zustimmung getroffen wurde, setzen Sie alles daran, den Plan zu befolgen. Sie können dann sicher sein, dass Sie Ihre eigenen, gut überlegten Pläne befolgen. Oft bleibt nämlich bei einer herannahenden Krise nicht viel Zeit. Wenn Sie zu lange warten, können sich schwerere Krankheitssymptome einstellen, die Ihre Handlungsfähigkeit gefährden.

Wenn Maßnahmen fehlschlagen. Nicht immer sind die geplanten Maßnahmen zur Krisenbewältigung ausreichend oder überhaupt hilfreich. Maßnahmen können zu spät kommen oder nicht ausreichend wirksam sein, um eine Krise noch abzuwenden. Auch hier gilt: Das Beste, was Sie tun können, ist, alle Möglichkeiten auszuschöpfen und sich gut vorzubereiten. Damit ist keine Garantie verbunden. In manchen Fällen kann ein Rückfall trotz guter Planung nicht vermieden werden. Es gilt dann, aus dieser Erfahrung zu lernen und den Krisenplan zu korrigieren.

Mit diesen abschließenden Überlegungen ist nun der Zeitpunkt gekommen, den Krisenplan an den von Ihnen ausgewählten Aufbewahrungsort zu bringen. Die Maßnahmen, die wir in diesem Kapitel besprochen haben, werden Ihre Chance auf ein stabiles Leben erhöhen. Sie sind jetzt gut vorbereitet und können nach vorn schauen.

7 Belastungen von Betroffenen

7.1 Das Thema „Belastungen"

Belastungen verändern die seelische Befindlichkeit. Probleme am Arbeitsplatz oder Konflikte mit nahe stehenden Personen lassen niemanden kalt. Sie wirken sich darauf aus, wie wir uns fühlen und wie leistungsfähig wir sind. Wenn Belastungen sehr stark sind oder lang anhalten, kann das dazu führen, dass man seelisch nicht mehr so stabil ist – das gilt für alle Menschen.

Belastungen in der Stabilisierungsphase. Nach einer psychotischen Episode sind viele Betroffene in besonderer Weise sensibel und reagieren intensiv auf Ereignisse in ihrer Umgebung – auch wenn ihnen dies nicht immer anzusehen ist. Belastungen können sich gerade in der Stabilisierungsphase sehr nachteilig auswirken. Die Folge kann eine seelische Krise sein, die unter Umständen als erneute Krankheitsepisode in Erscheinung tritt.

Aus diesem Grund möchten wir Sie anregen herauszufinden, welchen Belastungen Sie ausgesetzt sind. Wir möchten dann mit Ihnen darüber nachdenken, wie Sie aufmerksam und „selbst-bewusst" mit Ihren Belastungen umgehen können.

Ausgewogenheit anstreben. Zunächst wollen wir jedoch auf das Bild der Waage zurückkommen (s. Kap. 4.1, Abb. 2–4). Vielleicht erinnern Sie sich: Voraussetzung für seelische Gesundheit ist die Ausgewogenheit zwischen aktuellen Belastungen und aktueller Belastbarkeit. Dabei sollte die Belastbarkeit überwiegen, also größer sein. Denn wiegen beide Bereiche gleich schwer, ist bereits die persönliche Grenze erreicht! Allerdings kommt es (im Bild der Waage) für den Ausschlag des Pendels auch immer auf das Verhältnis beider Waagschalen an. So kann jemand mit einer geringen Belastbarkeit völlig gesund sein, solange seine Belastungen noch geringer sind. Es genügt dann allerdings „leichter" Stress, um eine Krise auszulösen. Umgekehrt kann jemand trotz großer Belastbarkeit bei entsprechend starker Belastung erkranken. Es kommt also immer auf das Verhältnis von Belastung und Belastbarkeit an.

Die „Sprache" der Psyche lernen. Im Bereich unserer körperlichen Möglichkeiten und Grenzen ist das leicht nachvollziehbar: Sie können z.b. genauso schnell, lange und weit laufen, wie Sie körperlich fit sind. Im Bereich unserer seelischen Möglichkeiten und Grenzen ist das ganz genauso! Nur wird es uns nicht unbedingt körperlich bewusst – schließlich bleibt uns nicht einfach die Puste weg. Die Psyche bzw. Seele hat ihre eigene Sprache – und es ist hilfreich, diese „Sprache" zu erlernen.

Die Erfahrung zeigt: Sobald Sie den Zusammenhang zwischen Ihren Belastungen und Ihrer Belastbarkeit erkennen lernen und verstehen, wissen Sie auch, wie wichtig das ist. Und sobald Sie sich danach richten und auf Ausgewogenheit achten, tun Sie etwas sehr Wertvolles: Sie akzeptieren und achten Ihre persönlichen Möglichkeiten und Grenzen. Auf diese Weise schützen Sie sich selbst vor einer Verschlechterung Ihres Gesundheitszustands oder davor, wieder krank zu werden.

Schwächen erkennen, Stärken stärken. Die Auseinandersetzung mit sich und seiner Umwelt – mit seinen eigenen Möglichkeiten und den gegebenen Grenzen – ist für viele Betroffene nicht selbstverständlich. Oft wird nicht berücksichtigt, dass psychotische Episoden eine große Verunsicherung mit sich bringen. Die Belastbarkeit hat sich zumeist verringert. Es ist deshalb nötig und lohnenswert, dass Sie Ihre aktuellen Möglichkeiten und Grenzen neu kennen lernen. Wie geht das? Das kann damit anfangen, dass Sie Ihre Belastungen (Ihren Stress, Ihre Grenzen, Ihre Einschränkungen etc.) und Ihre Stärken (Ihre Stabilität, Ihre Möglichkeiten, Ihre Fähigkeiten etc.) überdenken (dazu mehr in Kap. 7.2). Auch die Lebensumstände haben sich durch die Erkrankung sehr verändert (s. Kap. 7.3). Der nächste Schritt besteht darin, dass Sie zum einen Ihre Belastungen vermindern (Kap. 7.4) und zum anderen Ihre Belastbarkeit steigern (Kap. 7.5).

7.2 Belastungen und Stärken erkennen

Belastungen

Wir möchten Sie nun einladen, über Belastungen und Stress Ihrer Lebenssituation nachzudenken. Unserer Erfahrung nach ist es notwendig, sich hierzu Notizen zu machen – Aufzeichnungen helfen, einen Überblick über die „Belastungsseite" der eigenen Situation zu bekommen. Ein Tipp: Notieren Sie auch dann etwas, wenn Sie noch nicht sicher sind, ob es „richtig" ist.

Viele Menschen empfinden es als sehr hilfreich, Überlegungen nicht nur allein anzustellen. Sprechen Sie mit einer Person, der Sie vertrauen, über Ihre Belastungen. Ihr Gegenüber kann Sie durch aktives Zuhören unterstützen oder Ihnen Fragen stellen. Ein Gespräch kann auch dazu beitragen, sich diesem schwierigen Thema leichter zu widmen und bei der Sache zu bleiben.

Eigene Notizen machen. Wir wollen Sie bei Ihren Überlegungen und Gesprächen unterstützen und haben Ihnen ein Arbeitsblatt vorbereitet (s. Arbeitsblatt 4 „Meine Belastungsliste", Anhang). Es hat zum Ziel, die eigenen Belastungen genauer kennen zu lernen. Notieren Sie die Belastungen, die Ihnen jetzt einfallen. Folgende Stichpunkte können hilfreiche Denkanstöße sein: Welchen Belastungen bin ich ausgesetzt

▶ am Arbeitsplatz oder in der Ausbildung?
▶ in der Familie, in der Partnerschaft oder mit Freunden?
▶ in der Wohnung?
▶ in der Freizeit?
▶ durch meine Erkrankung?

Überlegen Sie auch, welchen Belastungen Sie *derzeit* ausgesetzt sind und welche Belastungen *in naher Zukunft* auf Sie zukommen. Wenn Sie jetzt damit begonnen haben, sich Notizen zu machen, sind Sie einen wichtigen Schritt weiter. Es macht erfahrungsgemäß große Mühe, Gedanken und Gefühle niederzuschreiben. Geschriebenes scheint verbindlicher zu sein als nur Gedachtes. Der Vorteil: Man setzt sich sehr konkret und zielgerichtet mit sich selbst auseinander.

Wenn Sie noch nicht damit begonnen haben, sich Notizen zu machen und mit anderen zu sprechen, dann lassen Sie diese Gelegenheit nicht ungenutzt an sich vorüberziehen. Entscheiden Sie sich, wann Sie das in Angriff nehmen werden!

Erfahrungsberichte anderer Betroffener ergaben, dass solche Situationen als Belastung empfunden werden, in denen

▶ viele Reize gleichzeitig auf einen einströmen
▶ man sich über längere Zeit konzentrieren soll
▶ zu wenig Anforderungen bestehen
▶ man unter hohem Zeitdruck steht
▶ Anforderungen unklar sind
▶ viel Neues auftritt
▶ man eigenverantwortlich und selbständig arbeiten muss
▶ keine oder wenig Rückmeldung über die Leistungen gegeben wird
▶ man nicht selbst bestimmen kann, wie viel Nähe zu anderen Menschen entsteht
▶ man sich vor Freunden, Bekannten und/oder Nachbarn wegen seiner Erkrankung schämt.

Bitte schauen Sie diese Aufzählung daraufhin durch, ob Ihnen zu der Beschreibung von Situationen, die Sie hier finden, etwas einfällt.

Besondere und gewohnte Belastungen wahrnehmen. Es ist nicht leicht, die Belastungen, denen Sie ausgesetzt sind, zu erkennen oder eindeutig zu benennen. Das liegt möglicherweise daran, dass Sie sich an bestimmte Situationen gewöhnt haben und gar nicht mehr darauf achten, wie belastend sie sind. Vielleicht gibt es auch belastende Ereignisse oder Angelegenheiten, die Ihnen so unbedeutend erscheinen, dass Sie sie nicht

als Belastungen „akzeptieren" wollen (s. dazu unten „gewohnte Belastungen"). Be-Lastung ist eine Last, die sich in einer Veränderung des vorherigen Zustands ausdrückt. Es ist also etwas hinzugekommen, das „drückt", das Leben schwerer macht und damit stört.

> **!** Belastungen sind daran zu erkennen, dass irgendetwas schwerer geworden ist.

Besondere Belastungen sind einfach zu erkennen. So wird es jedem sehr leicht deutlich, dass es belastend ist, wenn z.B. der Partner einen Unfall erleidet oder man seinen Arbeitsplatz verliert. Bei *gewohnten alltäglichen* Belastungen ist das ganz anders. Hier ist das Ausmaß der Belastung nicht so offensichtlich, oder es fehlt die unmittelbare Veränderung (die plötzlich auftretende Belastung), durch die ein Unterschied zu einem weniger belasteten Zustand festzustellen wäre. Die Veränderung hat sich in letzterem Fall schon vor längerer Zeit vollzogen, vielleicht sogar ganz langsam und unmerklich. Eine solche Belastung kann nur wahrgenommen werden, wenn man sich auf eine Zeit ohne die bestimmte Situation oder Angelegenheit *zurückbesinnt*. Und das kann u.U. lange her sein. So kann es z.B. nach Jahren der Berufstätigkeit zur „Gewohnheit" geworden sein, dass es am Arbeitsplatz keinen einzigen Menschen gibt, mit dem man sich vertrauensvoll austauschen kann. Ein Beispiel für eine gewohnte Belastung kann aber auch eine schlechte Schulnote sein. Um gewohnte und alltägliche Belastungen zu entdecken, ist es wichtig, dass Sie sich an frühere, möglichst unbeschwerte Zeiten zurückerinnern. Wenn Sie nun überlegen, was für Sie persönlich belastend ist, spielt Ihre ganz persönliche *Bewertung* eine entscheidende Rolle!

Besondere Belastungen. Sie sind zwar „von außen" leicht als solche zu erkennen, sie können aber vom Betroffenen selbst ganz anders bewertet werden. Beispielsweise kann jemand seine Kündigung lediglich als Entlastung abtun, weil er „den Chef sowieso nicht riechen" konnte. Welche Belastungen für den Betreffenden mit der Kündigung (auch) verbunden sind, ist eine Frage der Bewertung. Der Übergang zwischen Schulabschluss und Ausbildungsbeginn kann z.b. als „unbedeutend" bewertet werden, ohne dass wahrgenommen wird, wie viel Veränderung und Entscheidungsdruck hier zusammenwirken. Auch eine neue Liebe oder die erste Liebe wird häufig nicht als Belastung bewertet, weil es sich ja um eine „schöne" Angelegenheit handelt. Die belastenden Seiten solcher positiven Ereignisse werden oft nicht wahrgenommen, sind aber trotzdem vorhanden und können sich nachteilig auswirken.

Gewohnte Belastungen. Hier ist die Bewertung einer Situation oder Gegebenheit als „gewöhnlich" oder „alltäglich" das Problem. Aus den Anführungszeichen wird bereits deutlich: Eine Belastung wird hier nicht als solche wahrgenommen und gewürdigt. Beispiele zu nennen fällt schwer, weil sie für jeden etwas anders sein können. Am Beispiel einer Schulnote lässt sich aber zumindest zeigen, dass erst die Bewertung eine Note schlecht oder gut macht. So kann für den einen die Note 4 gut und für den anderen die Note 3 schlecht sein.

Solche Belastungen finden sich häufig. Und gerade diese sind nicht leicht zu entdecken, wenn Sie allein darüber nachdenken. Sie sollten sich deshalb mit einer Person, der Sie vertrauen (Angehöriger, Freundin), einmal darüber unterhalten. Möglicherweise nimmt diese Person (von außen) Belastungen wahr, die Ihnen entgangen sind.

Tagebuch. Wie Sie sehen, ist es ein Arbeitsprozess, die Belastungen der verschiedenen Lebens- und Alltagszusammenhänge zu entdecken. Es ist unmöglich, diese auf einmal niederzuschreiben. Erst die Aufmerksamkeit im Alltag ermöglicht ein umfassenderes Bild der eigenen Belastungsfaktoren. Um sich ein solches Bild machen zu können, ist es wichtig, dass Sie ab sofort sorgfältig darauf achten, welche Belastungen bei Ihnen auftreten.

AB 4, 1 **Und jetzt Sie:** Notieren Sie in den nächsten Tagen alle Faktoren, die Ihnen auffallen, ebenfalls in Ihre Belastungsliste (Arbeitsblatt 4). Tragen Sie von nun an die Belastungen, die Ihnen im Alltag begegnen, auch in Ihrem Tagebuch ein (oberste freie Zeile; Arbeitsblatt 1).

Wir haben die Erfahrung gemacht, dass das Tagebuch für Betroffene überaus hilfreich ist. Vielleicht haben Sie schon damit begonnen, Tagebuch zu führen. Es bietet eine zusätzliche Möglichkeit, sich verbindlich mit dem Thema auseinander zu setzen. Je regelmäßiger Sie es führen, umso eher finden Sie den Weg zu einem ausgewogenen Leben.

Stärken

Wir wollen Sie nun ermuntern, sich Ihrer Stärken bewusst zu werden. Mit dem Arbeitsblatt 5 („Meine Stärken") können Sie sich einen Überblick über die „starke Seite" Ihrer Situation verschaffen. **AB 5** Den meisten Menschen fallen die eigenen Stärken gar nicht so auf – sie werden häufig als selbstverständlich empfunden. Gerade das, was Sie gut können, fällt Ihnen in der Regel *leicht,* und dadurch scheint es nichts Besonderes zu sein. Überlegen Sie also einmal:

▶ Was fällt Ihnen leicht?
▶ Wobei fühlen Sie sich leicht?
▶ Was macht Ihnen Spaß?
▶ Was tut Ihnen gut?

Sie können auch überlegen, warum das wohl so ist. Notieren Sie auch dann etwas, wenn Sie sich nicht sicher sind, ob es „richtig" ist. Nehmen Sie sich etwas Zeit, zu überlegen, wo Ihre Stärken liegen! Und fangen Sie am besten jetzt gleich damit an! Die folgenden Perspektiven können Ihnen eine Anregung sein. Liegen Ihre Stärken

▶ bei der Arbeit oder bei der Ausbildung?
▶ in sozialen Beziehungen?

▶ bei der Freizeitgestaltung?

▶ bei Ihrer allgemeinen Lebensführung (Haushalt, Pünktlichkeit, Amtsangelegenheiten etc.)?

Auch bei den Stärken ist es wichtig, dass Sie sich in nächster Zeit intensiv damit beschäftigen, was Ihre Stärken sind. So ist das nun mal bisweilen: Erst, wenn wir unsere Aufmerksamkeit auf unsere Stärken richten, wird es möglich, sie zu entdecken. **Besondere und gewohnte Stärken wahrnehmen.** Sie haben nun selbst erlebt: Es ist oft nicht leicht, die eigenen Stärken zu erkennen oder eindeutig zu benennen. Das liegt u.a. daran, dass man sich an bestimmte Situationen gewöhnt und gar nicht mehr darauf achtet, wie gut sie gelingen. Auch gibt es Stärken, die so unbedeutend erscheinen, dass man sie nicht als Stärken bewertet.

 Stärken sind häufig daran zu erkennen, dass sie einem selbst nicht auffallen.

Besondere Stärken und hervorragende Begabungen (wie z.b. besondere sportliche Fähigkeiten) fallen auf. *Gewohnte* Stärken sind dagegen unauffällig. Für den einen mag es z.b. gewohnt sein, dass er sich stets leicht entscheiden kann. Für den anderen ist es z.b. selbstverständlich, immer pünktlich zu sein.

 Alle Ihre Stärken gehören ins Tagebuch.

Um solche Stärken zu entdecken, ist es hilfreich, sich mit Angehörigen oder guten Freunden zu unterhalten. Von außen betrachtet, sind diese gewohnten Stärken nämlich sehr leicht zu sehen. Bei scheinbar „unbedeutenden" Stärken ist unsere persönliche Bewertung das Problem – die wohlwollende Sicht auf uns selbst ist verdeckt. Sobald wir aber eine eigene Fähigkeit oder Charakterstärke als „unbedeutend" bewerten, verhindern wir, dass wir uns wertfrei würdigen. Aus den Anführungszeichen wird das bereits deutlich. So kann jemand z.b. stets ein verständnisvolles Ohr für seine Mitmenschen haben, aber diese Fähigkeit als „nichts Besonderes" abtun. Jemand anders hat ein freundliches Wesen und tut das als unbedeutend ab. Auch hier ist die beste Möglichkeit die, sich mit vertrauten Personen über seine Stärken zu unterhalten.

Und jetzt Sie: Bitte tragen Sie alle Stärken, die Sie ab sofort im Alltag an sich entdecken, in Ihr Tagebuch ein (Arbeitsblatt 1). Sollten Sie es bereits führen, ist es nur ein geringer zusätzlicher Aufwand, in die oberste Zeile auch Ihre Stärken einzutragen. Wenn Sie sich vornehmen, einmal einen ganzen Tag gezielt darauf zu achten, wird Ihnen so manche Stärke auffallen.

Das Wichtige daran, eigene Stärken zu erkennen und zu benennen, liegt darin, dass Sie sich aktiv mit Ihrer eigenen Wertschätzung beschäftigen. Dass es vielen Menschen so schwer fällt, Stärken an sich wahrzunehmen, liegt – wenn wir ehrlich sind – wirklich nicht daran, dass diese *selten, unbedeutend* oder gar *sinnlos* wären. Es liegt daran, dass Stärken zu selten benannt oder für unbedeutend gehalten werden oder dass es gar für sinnlos erachtet wird, sich seiner Stärken bewusst zu sein.

Am Thema „eigene Stärken" ist für Betroffene häufig problematisch, dass sie sich durch die Erkrankung mancher ihrer Stärken – z.B. sozialer Kompetenzen – zumindest teilweise beraubt fühlen. Dies wird häufig schmerzlich erlebt. Die Erfahrung zeigt: Manche Stärken können während Krankheits- und Heilungsphasen in den Hintergrund rücken und kommen dann mit der Zeit wieder zum Vorschein.

7.3 Die Erkrankung als Belastung

Ganz grundsätzlich sind damit, dass man an einer Psychose erkrankt, starke Belastungen verbunden. Dabei geht es uns an dieser Stelle gar nicht um die Beschwerden (Symptome), die sicher in unterschiedlichem Maß Leiden verursachen und dadurch eine Belastung darstellen. Vielmehr geht es uns um die Lebensumstände, die sich plötzlich verändern.

Vieles ist neu. Plötzlich ist die Selbstverständlichkeit, seinen Alltag zu leben und zu bewältigen, nicht mehr gegeben. Stattdessen sind die Tage von zunehmender Unruhe bestimmt. Veränderungen bestimmen den Alltag. Vertraute Menschen werden fremd, möglicherweise werden Fremde unheimlich. Der persönliche Aktionsradius ändert sich. All das bedeutet viel Neues.

Plötzlich findet sich der Betroffene in einer psychiatrischen Praxis oder Einrichtung wieder. Er soll sich auf einmal mit Ärzten, Psychologen und anderen Therapeuten auseinander setzen. Er soll Medikamente einnehmen. Er soll möglicherweise an einem festgelegten Therapieprogramm teilnehmen, dessen tieferer Sinn ihm nicht immer einleuchtet. Er soll sich um sich selber kümmern und um seine Patientenrolle. Er soll Angehörigen und Freunden erklären, was mit ihm los ist. Er soll nicht verzweifeln, er soll sich aber auch nicht überschätzen. Und er soll seine Erkrankung möglichst realistisch einschätzen.

Man muss viel aushalten. Ganz allmählich wird dem Betroffenen klar, dass sich der alte Zustand, die alte Selbstverständlichkeit nicht plötzlich wieder einstellt. Er soll aushalten, dass er sich über lange Zeit nicht auskennt mit sich selbst, sich möglicherweise kaum wiedererkennt. Er soll aushalten, dass nichts mehr wirklich wichtig ist in seinem Leben. Er soll aushalten, dass er nicht weiß, was er denken und reden soll.

Jeder normale Mensch ist davon belastet, und jeder ist damit überfordert. Um in einer solchen Situation nicht allein schon mit den Umgebungsfaktoren überfordert zu sein, müsste man sehr stabil sein – aber so stabil zu sein ist meist nicht mit einer Erkrankung dieser Art vereinbar.

Entlastung durch Behandlung. Gleichzeitig stellt gerade die psychiatrische Behandlung häufig den Wendepunkt dar, nach dem es wieder aufwärts geht. Eine stationäre Aufnahme bietet eben auch starke Entlastung, die die zuvor bestehenden Belastungen subjektiv überwiegen kann. So ist der Grad der Belastung (in diesem Fall) einer psychiatrischen Behandlung immer der persönlichen Wahrnehmung und Bewertung unterworfen.

Machen Sie sich also bitte bewusst, welchen *Belastungen* Sie durch die Erkrankung ausgesetzt sind. Sie können dann ein angemessenes Selbstwertgefühl für Ihre *Stärken* entwickeln. Eine dieser Stärken besteht gerade darin, viele der oben beschriebenen Belastungen aktiv ausgehalten zu haben. Und aktiv aushalten ist etwas ganz anderes als abwarten.

 Wenn Sie Ihre Belastungen angemessen einschätzen, können Sie leichter wertschätzen, was Ihnen (dennoch) gelingt.

7.4 Belastungen vermindern

Das wesentliche Prinzip, damit Sie Ihr Gleichgewicht wiederfinden, besteht – wie wir schon gesehen haben – darin, dass Sie Ihre Belastungen *vermindern* und Ihre Belastbarkeit *steigern* (Letzteres s. Kap. 7.5).

Wir wollen Ihnen im Folgenden ein Schema zum Umgang mit Belastungen vorstellen, das sich bei vielen Betroffenen bewährt hat. Es ist sehr strukturiert und mag deshalb sehr technisch auf Sie wirken. Der Vorteil daran ist, dass es ein ganz systematisches Vorgehen ermöglicht – dadurch ist es für jede Belastung anwendbar. Sie können das folgende Kapitel also wie einen Routenplaner auf dem Weg verwenden, mit Belastungen besser klarzukommen. Einfacher fällt manchem die folgende

Variante, weshalb wir sie auch empfehlen: Sie können eine Vertrauensperson bitten, diese Arbeit gemeinsam mit Ihnen zu tun.

Was Sie zunächst brauchen, ist Ihre „Belastungsliste" (Arbeitsblatt 4) und Ihr Tagebuch (Arbeitsblatt 1): Welche Belastungsfaktoren haben Sie gesammelt? Sollten Sie mit dieser „Sammlung" noch nicht begonnen haben, so möchten wir Sie einladen, damit jetzt zu beginnen.

Und jetzt Sie: Bringen Sie Ihre gesammelten Stress-Faktoren in eine Rangfolge! Nutzen Sie dazu das Arbeitsblatt 6 „Persönliche Belastungsliste – geordnet nach Wichtigkeit", und notieren Sie ganz oben die, die Sie am belastendsten finden usw. Nehmen Sie sich danach, von oben beginnend, jede einzelne der Belastungen der Reihe nach vor, und stellen Sie sich jeweils die folgenden Fragen:

► Ist die Belastung vermeidbar? (Lesen Sie hierzu weiter unter „Belastungen vermeiden".)

► Wenn nicht, kann die Belastung verringert werden? Oder kann die Belastung in verschiedene Bereiche aufgeteilt werden, um dann vermieden oder verringert zu werden? (Lesen Sie hierzu weiter unter „Belastungen verringern".)

► Wenn nicht, ist die Belastung auszuhalten? (Lesen Sie hierzu weiter unter „Belastungen aushalten".)

Wenn Sie eine Frage mit Ja beantworten können, lesen Sie bitte im zugehörigen Unterkapitel weiter.

Belastungen vermeiden

Mit Hilfe von Arbeitsblatt 6 sind Sie vielleicht zu der Einschätzung gelangt, dass Sie einige Ihrer Belastungen – möglicherweise sogar ganz ohne größeren Aufwand – „abstellen" können. Im Folgenden finden Sie einige Tipps, wie Sie das machen können.

Tipps zur Vermeidung von Belastungen
- ▶ Arbeit oder Ausbildung: keine Überstunden machen; Prüfung nicht mitschreiben
- ▶ Familie: bei Streit darf man sich auch zurückziehen; das Austragen von Konflikten verschieben; erst später darüber reden, wenn Zeit zum Nachdenken war; manche Pflichten können auch von anderen übernommen werden
- ▶ Freizeit: nicht in die Disko gehen, wenn dort zu viele Reize auf Sie einströmen; nicht die Nächte durchmachen.

Belastungen verringern

Mit Hilfe von Arbeitsblatt 6 sind Sie vielleicht zu der Einschätzung gekommen, dass Sie einige Ihrer Belastungen verringern, aber nicht vermeiden können. Wichtig ist, dass Sie beim Überlegen für sich selbst genau begründen, warum diese Belastungen unvermeidbar sind (gerade bei solchen Überlegungen sind Gesprächspartner sehr hilfreich). Wenn Ihnen das nicht gelingt: Dann prüfen Sie umso kritischer, ob Sie sie nicht doch „abstellen" können.

Allgemeine Strategie zur Veränderung. Wir möchten Ihnen nun eine Strategie vorstellen, mit der Sie Belastungen vermindern, Probleme lösen oder ganz allgemein Veränderungen herbeiführen können (z.B. neue Kontakte knüpfen, Bewerbungen schreiben etc.). Das Vorgehen können Sie hier beim Lesen erarbeiten. Dazu haben wir im Anhang das Arbeitsblatt 7 „Veränderungsprotokoll" beigefügt, auf dem Sie sich einen Überblick verschaffen und dann Eintragungen machen können. Auch dieses Arbeitsblatt sollten Sie sich gleich mehrfach kopieren, damit Sie es für mehrere Belastungen bzw. Änderungswünsche verwenden können.

Die Abfolge von sechs Schritten erfordert von Ihnen Geduld, Phantasie und Übung. Vermeiden Sie den Fehler, allzu schnell zu viel von sich zu erwarten. Nehmen Sie sich stattdessen Zeit, in kleinen Schritten vorzugehen. Arbeiten Sie immer schriftlich

– das wird Ihnen helfen, dranzubleiben und den gewünschten Erfolg zu erreichen.

Überlegen Sie zunächst, welche Veränderungen Sie vornehmen möchten. Sie können diese auf Arbeitsblatt 7 zuoberst eintragen („Gewünschte Veränderung"). Im Folgenden möchten wir Ihnen das Vorgehen am Beispiel „Belastung reduzieren" vorstellen.

Erster Schritt: Genaues Betrachten. Indem Sie Ihre Belastung von verschiedenen Seiten betrachten, wird sie Ihnen deutlicher. Stellen Sie sich zunächst die folgenden Fragen, und machen Sie sich Notizen.

▶ Was soll besser oder anders werden?
▶ Welches Verhalten möchten Sie neu lernen?
▶ Wie sieht das/der/die unerwünschte Verhalten/Gedanke/Situation aus?
▶ Wann und wie häufig tritt das auf?
▶ Wodurch wird das beeinflusst?

Viele Belastungen lassen sich in einzelne Abschnitte oder Aspekte unterteilen. So kann z.b. die Belastung „Unzufriedenheit am Arbeitsplatz" aus vielen verschiedenen Belastungen bestehen, wie z.b. Überforderung mit einer Aufgabe, unangemessene Bezahlung, unfreundliche Kollegen. In einem solchen Fall ist es unbedingt erforderlich, die verschiedenen „Baustellen" sorgfältig auseinander zu halten und Teilschritte zu benennen – danach ist die Baustelle nicht mehr so groß, und man kann jede Belastung einzeln angehen. Lässt sich dies auf Ihre Belastung übertragen?

Zweiter Schritt: Lösungsideen sammeln. Hier ist nun Ihre Kreativität gefragt. Sammeln Sie zunächst, welche Veränderungen Ihnen in den Sinn kommen – egal, wie angebracht und realistisch Ihnen eine Idee vorkommt. Werten Sie Ihre Ideen nicht, sondern spielen Sie mit Ihren Einfällen. Richtig und Falsch gibt es nicht! Im Gegenteil: Das, was Sie für richtig halten, haben Sie in der Regel sowieso schon ausprobiert – was Sie für falsch halten, wahrscheinlich noch nicht. Vielleicht helfen Ihnen auch die folgenden Fragen:

- Was haben Sie bisher versucht, um etwas zu ändern?
- Ist es dadurch besser geworden?

Gab es Zeiten, in denen derselbe Stressfaktor Sie weniger angestrengt hat? *Wenn Ja:* Warum war das so? Was hat Ihnen dabei geholfen? Welche Umstände bestanden damals? *Wenn Nein:* Wie könnte die Belastung heute gemildert werden? Was täte Ihnen gut? Welche Unterstützung brauchen Sie dazu? Woher bekommen Sie sie?

Dritter Schritt: Ziel und Vorgehen festlegen. Entscheiden Sie sich jetzt für eine Ihrer Lösungsideen. Machen Sie es sich mit der Auswahl einfach – Sie können Ihren „Routenplaner" immer wieder nutzen. Prüfen Sie vor allem, ob Sie Ihr Ziel für erreichbar halten. Sollten Sie von vornherein daran zweifeln, lassen Sie es besser sein, und wählen Sie ein anderes. Wenn es Sie hoffnungsvoll oder gar zuversichtlich stimmt, dann machen Sie weiter.

Entscheidend ist jetzt die genaue Planung Ihres Vorgehens – seien Sie konkret: wer, was, wann, wo, mit wem, wie lange, in welcher Reihenfolge? Von der Genauigkeit, mit der Sie Ihre Vorgehensweise planen, hängt der Erfolg der Durchführung ab.

Vierter Schritt: Durchführung bzw. Umsetzung. Ab jetzt zählen nur noch Taten! Machen Sie das, was Sie in Schritt 3 festgelegt haben. Verschieben Sie nichts, was Sie auch gleich tun können. Setzen Sie sich einen Termin, bis zu dem Sie Ihr Ziel erreicht haben wollen. Oder setzen Sie sich eine Frist (z.B. „in drei Wochen"). Schreiben Sie das ganz offiziell in Ihr Arbeitsblatt 7 „Veränderungsprotokoll". Und als Belohnung: Werfen Sie außerdem noch einen Blick auf Schritt 6.

Fünfter Schritt: Überprüfung des Erfolgs. Dieser Schritt ist ganz wichtig – Sie können ihn erst machen, wenn Sie Schritt 4 beendet haben. Nehmen Sie sich nach der Umsetzung die Zeit, zu überprüfen und zu notieren, was das Ergebnis ist.

- Ging alles nach Plan, oder gab es Abweichungen?
- Wie fühlen Sie sich mit dem Ergebnis?
- Würden Sie sich in derselben Sache wieder so oder anders verhalten?

Wenn Sie Ihr Ziel nicht oder nur teilweise erreicht haben, dann sollten Sie erneut bei Schritt 1 beginnen. Scheuen Sie diese Mühe nicht – Sie lernen dabei eine Strategie, die Ihnen dauerhaft helfen wird! Bevor Sie aber zu Schritt 1 gehen, belohnen Sie sich vorher für Ihren bisherigen Einsatz! Überlegen Sie dann, ob es nicht doch möglich ist, einzelne Abschnitte voneinander zu trennen und damit kleinere „Baustellen" zu bearbeiten. Ein Beispiel: Eine Prüfung besteht aus mehreren Fächern, teilweise auch aus mehreren Abschnitten. Bei einer Prüfung ist es dann sinnvoll, die Abschnitte nacheinander anzugehen und damit die Anforderung aufzuteilen. So kommen Sie – indem Sie kleinere Belastungen einzeln angehen – leichter zum Erfolg.

Sechster Schritt: Wodurch belohnen Sie sich? Sie sollten schon im Voraus darüber nachdenken, womit Sie sich belohnen können. Der Grund ist ein ganz einfacher: Mit einer Belohnung motivieren Sie sich selbst. Sie bringen sich selbst in Schwung, indem Sie sich ein angenehmes Ereignis in Aussicht stellen. Sie würdigen Ihre Auseinandersetzung mit dieser anspruchsvollen Arbeit, wenn Sie dafür sorgen, dass Sie Ihren Einsatz so angemessen wie möglich anerkennen. Und Sie haben vielleicht sogar Spaß daran! Da das meist niemand für Sie übernehmen kann, sind Sie selbst gefordert, sich zu belohnen. Eine solche Belohnung muss gar nichts Außergewöhnliches sein. Überlegen Sie einfach, was Sie derzeit gerne oder am liebsten oder am wenigsten ungern machen.

Beispiele für angenehme Ereignisse
- ins Grüne fahren
- sich etwas Besonderes zum Essen kaufen
- fernsehen
- Karten spielen
- im Internet surfen
- ein spannendes Buch lesen
- Auto fahren
- Musik hören
- laut singen
- sich schön anziehen
- fotografieren gehen
- ein Bad nehmen
- joggen

- mit einem Freund zusammen sein
- Steine, Blätter, Früchte sammeln
- telefonieren
- ins Kino gehen
- sich etwas kochen
- ein Computerspiel machen

- schwimmen
- barfuß laufen
- ins Café gehen
- aufräumen
- einen Brief schreiben
- spazieren gehen
- Comics lesen
- in der Sonne sitzen
- ...

Achten Sie darauf, dass Sie sich erst dann belohnen, wenn Sie aktiv waren. Wenn Sie etwas ausgewählt haben, das Sie häufig tun, z.b. fernsehen, müssen Sie sich die Belohnung auch „aufsparen" bzw. eine Weile aussetzen. Sonst verliert sie an „Wert". Und belohnen Sie sich auf jeden Fall, auch wenn Schritt 5 ergeben hat, dass Sie Ihr Ziel nicht erreicht haben.

Tipps zur Verringerung von Belastungen

- Arbeit oder Ausbildung: Arbeitszeiten begrenzen; Pausen einplanen und nutzen; übermäßigen Zeit- und Leistungsdruck vermeiden; Aufgabengebiet sorgfältig klären
- Familie: Wünsche ansprechen; Aufgaben klar verteilen; Zeiten für Absprachen und gemeinsame Aktivitäten vorsehen; Rückzugsmöglichkeiten nutzen; gemeinsame Lösung von Konflikten suchen
- Freizeit: regelmäßige Aktivitäten auch außerhalb der Wohnung einplanen; freie Tage im Voraus planen; Entspannung und Ruhe suchen.

Belastungen aushalten

Manche Belastungen sind nicht zu ändern. Die meisten *besonderen* Belastungen sind z.b. Schicksalsschläge, die unveränderbar gegeben sind und auch nicht abgemildert werden können. In solchen Fällen geht es darum, die Belastung so gut wie möglich auszuhalten.

Dennoch ist es eine lohnenswerte Frage, ob die Belastung, der Sie unvermeidbar ausgesetzt sind, so belastend bleiben muss. Wenn Sie den Eindruck haben, dass Sie daran doch etwas ändern können, dann sollten Sie im obigen Abschnitt weiterarbeiten.

Andernfalls geht es vorwiegend darum, mit der aktuellen Belastung klarzukommen. Die Beschäftigung mit dem Ereignis ist unausweichlich und ergibt sich meist automatisch. Achten Sie darauf, dass Sie daneben genügend Ablenkung haben, um auch auf andere Gedanken zu kommen.

Grundsätzlich ist es natürlich hilfreich, *gewöhnliche* Belastungen, die neben der aktuellen *besonderen* Belastung bestehen, zu vermeiden oder zu verringern. Das heißt, dass die Vorgehensweise der beiden letzten Abschnitte (Kap. 7.3 und 7.4) auf jeden Fall unterstützend und entlastend ist.

Tipps zum Aushalten von Belastungen

► Arbeit oder Ausbildung: Krankschreiben lassen; manchmal ist es eine willkommene Ablenkung, gerade erst recht arbeiten zu gehen

► Familie: Gesellschaft suchen; gemeinsame Unternehmungen machen; möglichst gemeinsam und nicht allein grübeln, trauern usw.; Grübelzeiten begrenzen, vor allem, wenn Sie allein sind

► Freizeit: für körperliche Bewegung sorgen, Sport treiben, Schwimmen gehen; ausreichend schlafen (bei Schlafstörungen rasch einen Arzt aufsuchen); regelmäßige Aktivitäten außerhalb der Wohnung, möglichst in Gesellschaft; angenehme Aktivitäten.

7.5   Belastbarkeit steigern

In Kapitel 4 sind wir darauf schon näher eingegangen: Ein Teil Ihrer Belastbarkeit – Ihre persönliche Vulnerabilität – ist angeboren. Sie können nichts dagegen tun. Wie auch immer Ihnen damit zumute ist, wir wollen Sie bestärken, diese Tatsache anzuerkennen! Wenn Ihnen das gelingt, können Sie sich einem anderen Teil Ihrer Belastbarkeit widmen, der in Ihren Händen liegt. Was nämlich Ihren persönlichen Lebensstil anbelangt, können Sie sehr viel für Ihre Belastbarkeit und damit für Ihre Stabilität tun.

Und jetzt Sie: Lassen Sie sich ermutigen, sich ganz konkret damit zu beschäftigen, was in Ihrer Macht steht! Fangen Sie gleich damit an, zu überlegen (bitte machen Sie sich hierzu Notizen):
► Was hilft Ihnen, sich ausgeglichen und stabil zu fühlen?
► Wodurch bekommen Sie ein „dickes Fell"?
► Denken Sie an Zeiten, in denen Sie sich wohl gefühlt haben. Was hat dazu beigetragen?

Die Fragen zum Thema, wie man die eigene Belastbarkeit steigern kann, wurden auch anderen Betroffenen gestellt, und sie waren Inhalt zahlreicher wissenschaftlicher Untersuchungen. Aus diesen beiden Quellen sind allgemeine Faktoren bekannt, die dazu beitragen können, die Belastbarkeit des Einzelnen zu erhöhen:
► antipsychotische Medikamente einnehmen
► einen regelmäßigen Tagesablauf einhalten
► Tätigkeiten ohne Über- oder Unterforderung ausüben
► auf ausreichende Ruhezeiten und guten Schlaf achten
► regelmäßig entspannende Aktivitäten durchführen
► Alkohol und Drogen vermeiden
► Klärung von Konflikten mit nahe stehenden Personen (Angehörige, Freunde, Kollegen)

- positive Selbstinstruktionen einsetzen (z.B. „Ich schaffe das schon")
- Erfolge wahrnehmen.

Vergleichen Sie nun Ihre eigene, eben erstellte Liste mit den hier angegebenen Faktoren. Gibt es Übereinstimmungen? Können Sie hiervon noch etwas für sich übernehmen?

Sollten Sie nichts gefunden haben, was auf Sie zutrifft bzw. Ihnen gut tut, raten wir Ihnen Folgendes: Unterhalten Sie sich mit Freunden oder Bekannten darüber, was Sie stabiler machen könnte.

 Lassen Sie sich unterstützen, und holen Sie sich Rat.

Sollten Sie auf Bereiche gestoßen sein, in denen Sie etwas oder in denen Sie sogar mehr für sich tun können, dann herzlichen Glückwunsch! Daraus ergibt sich ein nächster Schritt, mit dem Sie verantwortungsvoll umgehen sollten. Wenn Sie nämlich wissen, was Ihnen hilft, müssen Sie sich im nächsten Schritt entscheiden, ob Sie sich helfen wollen. Diesen Schritt kann Ihnen niemand abnehmen. Bei der konkreten Umsetzung dagegen können Sie meist Hilfe finden. Einige Tipps und Hilfestellungen wollen wir Ihnen im Folgenden geben.

Antipsychotische Medikamente einnehmen. Das Für und Wider bezüglich der Einnahme von Medikamenten wurde bereits an anderer Stelle ausführlich besprochen (s. Kap. 5.3). Das Wesentliche dabei ist, dass es immer um ein Abwägen geht. Ihr Nutzen („Was habe ich davon?") sollte dabei die Risiken („Was muss ich dafür in Kauf nehmen?") überwiegen. Ein Tipp: Wenn Sie diese Abwägung zugunsten der Medikamente vorgenommen haben, dann machen Sie sich das Leben nicht unnötig schwer: Bleiben Sie für eine selbst gesetzte Frist (Vorschlag: mindestens 2 Wochen) bei diesem Entschluss, und stellen Sie ihn in dieser Zeit nicht mehr in Frage.

Für Ihre Belastbarkeit ist die Regelmäßigkeit der Einnahme entscheidend. Bereits ein einmaliges Aussetzen bzw. Vergessen kann den antipsychotischen Schutz herabsetzen, weil dadurch die therapeutisch wirksame Dosis im Körper unterschritten werden kann. Besprechen Sie sich also mit Ihrem Arzt, wenn Sie die Medikamente vergessen haben. Neben der Abnahme der Wirksamkeit stellen unregelmäßige Medikamenteneinnahmen eine Belastung für Ihren Stoffwechsel dar, der sich auf die ständigen Wechsel einstellen muss. Nicht selten erfahren die Betroffenen dadurch mehr unerwünschte Wirkungen und insgesamt eine Einschränkung ihrer Fitness. Hilfreicher und gesünder ist also im gegebenen Fall die *regelmäßige* Einnahme. Und eine Bemerkung noch: Machen Sie sich nichts vor! Wenn Sie Ihre Medikamente einnehmen *wollen*, werden Sie sie in der Regel nicht vergessen.

Tipps gegen das Vergessen. Legen Sie Ihre Medikamente an einen festgelegten Platz! Besonders eignen sich Orte, an denen Sie sich täglich regelmäßig aufhalten, also z.B. beim Zahnputzbecher oder in der Küche. Tragen Sie die Einnahme unmittelbar in Ihr Tagebuch (Arbeitsblatt 1) ein, damit Sie immer wissen, ob Sie Ihr Medikament bereits eingenommen haben. Eine andere vortreffliche Möglichkeit (die wir von einem Betroffenen gelernt haben) ist die, den Medikamentenstreifen mit Wochentagen zu beschriften (ähnlich wie bei der Pille). So haben Sie den einfachsten Überblick über Ihre Einnahme.

Regelmäßiger Tagesablauf. Ein regelmäßiger Tagesablauf ist nicht banal, sondern von häufig unterschätztem Wert. Wenn Ihre Tage ohne zwingende äußere Gründe sehr unregelmäßig verlaufen, raten wir Ihnen, einen Wochenplan zu erstellen. Arbeitsblatt 8 („Wochenplan") kann Ihnen als Vorlage dienen.

Beginnen Sie Ihre Einträge mit regelmäßigen Mahlzeiten und

ihrer Zubereitung. Tragen Sie dann – soweit möglich – für jeden Tag eine Aktivität ein, die mit Bewegung und/oder frischer Luft zu tun hat. Achten Sie darauf, dass sich Pflichten und angenehme Aktivitäten abwechseln. Vergessen Sie auch nicht, Pausen fest einzuplanen.

> **!** Achten Sie darauf, dass Sie beim Planen Maß halten: Tragen Sie nicht zu viel und nicht zu wenig ein. Nehmen Sie von Ihrer aktuellen Situation ausgehend immer nur wenige Veränderungen vor. So können Sie Ihre Planung am ehesten in die Tat umsetzen und bewahren sich Ihre Motivation.

Halten Sie sich an Ihren Plan. Wenn Sie sich die Mühe gemacht haben, ihn zu erstellen, sollten Sie auch so vorgehen. Testen Sie zunächst einmal für mindestens zwei Wochen, wie Sie damit klarkommen und was Sie davon haben.

Sie können das „Wochenprotokoll" (Arbeitsblatt 9) dazu benutzen, Ihre Erfahrungen zu protokollieren. Dieses Arbeitsblatt ist identisch mit dem Arbeitsblatt 8, aber hier können Sie eintragen, welche Aktivität Ihres Plans Sie *tatsächlich* umgesetzt haben und wie Sie das bewerten (+ für positiv, – für negativ).

Keine Über- und keine Unterforderung. Manchmal ist man sich gar nicht bewusst darüber, ob die Tätigkeiten genau richtig sind oder eher überfordern oder unterfordern. Wenn Sie nicht wissen, wie es sich mit Ihren Tätigkeiten verhält, können Sie Ihr Tagebuch (Arbeitsblatt 1) dazu nutzen, sich über Ihre Belastungen und Ihre Befindlichkeit klar zu werden. Wenn Sie über- oder unterfordert sind, sollten Sie versuchen, diese Belastung zu vermindern (s. Kap. 7.4). Bei Unterforderung können Sie die Liste angenehmer Aktivitäten (s.o.) nutzen.

Ausreichende Ruhezeiten und guter Schlaf. Was heißt ausreichend? Nicht zu wenig und nicht zu viel. Durchschnittlich sind das sieben bis zehn Stunden Schlaf – für jeden ein wenig anders.

Achten Sie wiederum v.a. auf Regelmäßigkeit. Hier einige Tipps für guten Schlaf:

► Entwickeln Sie Ihr persönliches Schlafritual, und halten Sie es ein.
► Entspannen Sie sich vor dem Zu-Bett-Gehen. Gehen Sie z.b. noch eine „Runde um den Block", um frische Luft zu schnappen. Wenn Sie Entspannungsverfahren kennen (z.B. autogenes Training oder Progressive Muskelrelaxation nach Jacobson), wenden Sie diese an.
► Sorgen Sie für einen gut durchlüfteten Schlafraum.
► Sollten Sie vor dem Einschlafen lesen oder fernsehen, dann prüfen Sie, welche Bücher oder Filme Ihnen gut tun und welche den Schlaf eher unruhig werden lassen.
► Trinken Sie tagsüber (und nicht erst spätabends) ausreichend Wasser (2,5 Liter).
► Körperliche Betätigung tagsüber verbessert den Schlaf. Verzichten Sie aber auf Leistungssport am Abend.
► Meiden Sie Nikotin, Kaffee, Schwarztee und Alkohol am Abend. Die nächtliche Beruhigungszigarette erschwert das Wiedereinschlafen!
► Ein nächtlicher Beruhigungstee kann dagegen – auch als Ritual – sehr nützlich sein.
► Zwischen Abendessen und Schlaf sollte ausreichend Zeit (zur Verdauung) sein. Achten Sie auf leichtes und nicht zu spätes Abendessen.
► Sollten Sie nachts wach liegen, dann wälzen Sie sich nicht stundenlang hin und her. Das kann sehr quälend sein! Stehen Sie nach einer halben Stunde auf, und beschäftigen Sie sich (z.B. mit ruhigen Tätigkeiten, zu denen Sie am Tag zu müde oder schlapp waren: Bügeln, Lesen etc.). Bereiten Sie sich einen Tee. Und gehen Sie erst dann wieder schlafen, wenn Sie sich körperlich müde fühlen.
► Auf Mittagsschlaf und Nickerchen zwischendurch sollten Sie verzichten, wenn Sie abends schwer einschlafen oder nicht durchschlafen.

▶ Gehen Sie mit Schlafmitteln vernünftig um: Sie sind eine wirkungsvolle Hilfe zur Behebung vorübergehender Schlafstörungen.

> **!** Plötzliche Veränderungen der Schlafgewohnheiten im Sinne von Schlafstörungen können ein Hinweis auf ein Frühwarnzeichen sein (s. Kap. 6) und sollten deshalb immer ernst genommen werden.

Entspannende Aktivitäten. Der Nutzen körperlicher Bewegung muss nicht erläutert werden, sei es Spazierengehen, Fußballspielen, Wandern, Schwimmen, Radfahren, Inlineskating oder anderes. All dies verbessert Ihre Belastbarkeit deutlich! Genauso verhält es sich mit Entspannungstechniken (z.B. Muskelentspannung nach Jacobson, autogenes Training). Kleiner Tipp: Tun Sie sich mit anderen zusammen! Mit einem Freund oder in der Gruppe (Sportverein; Volkshochschule; Sportangebote an Kliniken oder von Selbsthilfegruppen und Krankenkassen; eigene Gruppe, z.B. auch mit ehemaligen Mitpatienten) kommen Sie leichter und regelmäßiger „in die Gänge".
Alkohol und Drogen vermeiden. Sollten Sie Drogen, Alkohol oder auch Zigaretten konsumieren, dann lesen Sie bitte unbedingt Kapitel 5.4.
Positive Selbstinstruktionen. „Positive Selbstinstruktion" heißt, sich selbst gut zuzureden und sich zu bestärken. Häufig tun wir das automatisch und oft unmerklich. Wenn Sie sich *bewusst* bestärken wollen, kann es hilfreich sein, sich zu überlegen, was Sie in der betreffenden Situation einem lieben Freund oder einem Kind sagen würden. „Ich schaffe das schon!" oder „Ich bleibe jetzt ganz ruhig" sind Beispiele für bestärkende Selbstgespräche.
Erfolge wahrnehmen. Wir möchten Sie ermuntern, bewusst auf einzelne Situationen zu achten, in denen Sie klarkommen. Das kann beispielsweise ein Gespräch sein, in dem Sie sich wohl füh-

len oder das Sie nicht vermieden haben. Das kann auch das morgendliche Aufstehen trotz großer Lustlosigkeit und Schwere sein.

Es geht dabei um Erfolge, die an Ihrer aktuellen Situation gemessen sind, also Ihrer Situation angemessen sind. Ob das früher einmal ein Erfolg gewesen wäre, interessiert nicht. Auch interessiert nicht, ob jemand anders Ihren Erfolg als solchen einschätzen würde. Nur um Sie geht es und darum, dass Sie beachten, was Sie für sich leisten. Beispielsweise kann es ein Erfolgserlebnis sein, ein paar Worte mit jemandem gewechselt zu haben, obwohl Ihnen gar nicht nach Reden zumute war, Sie nicht wussten, was Sie sagen sollen, und Angst hatten, als „Langweiler" dazustehen.

Das Arbeitsblatt 10 („Meine Erfolgsliste") möchte Sie dazu anregen, diese größeren und kleineren Erfolge in Form eines „Erfolgsjournals" aufzuschreiben: Fügen Sie jeden Tag eine möglichst konkrete Situation hinzu! Hier noch einige Leitfragen:

▶ In welchen Situationen finde ich mich zurecht?
▶ Welche Anforderungen meistere ich?
▶ Welche schwierigen Situation oder welchen anstrengenden Tag habe ich wie ausgehalten?

Langfristige Ziele

Möglicherweise fragen Sie sich, was die Beschäftigung mit Belastungen und Belastbarkeit bringen soll. Vielleicht fragen Sie sich, ob es nicht vielmehr darum geht, wie Ihr Leben in Zukunft aussehen kann, welchen Beruf Sie ergreifen und wo Sie wohnen wollen. Doch genau darum geht es dabei ja.

> **!** All die Überlegungen zur Bewältigung von Belastungen, die Sie in diesem Kapitel angestellt haben, sollen Ihnen dazu dienen, stabil zu bleiben. Stabilität ist die Grundlage dafür, längerfristige Ziele erreichen zu können. Je größer Ihre Belastbarkeit ist, desto größer ist auch Ihre Chance, stabil zu bleiben.

Wenn Sie aufgrund einer Behandlung ohne akute Beschwerden sind, Frühsymptome kennen und wissen, wie Sie sich im Fall einer Krise verhalten können, dann können Sie Ihre Aufmerksamkeit darauf richten, für viel Belastbarkeit und wenig Belastungen zu sorgen. Dies ist keine *vorübergehende* Aufgabe, Sie sollten sich langfristig damit beschäftigen. Die Erfahrungen, die Sie dabei sammeln, sind eine wichtige Voraussetzung dafür, dass Ihre langfristigen Ziele auch realistisch sind.

Manchmal bedeutet dies, dass Sie von alten Zukunftsplänen Abschied nehmen müssen, was schmerzhaft sein kann. Beispielsweise kann für einen Informatikstudenten die Erfahrung, dass er sich über zwei Semester in Vorlesungen und Praktika nicht konzentrieren, dagegen vier Stunden am Computer arbeiten kann, zu dem Entschluss führen, sein Studium vorläufig zu beenden und eine Teilzeitstelle in einer Software-Firma anzutreten. Er hält es sich offen, seine ursprünglichen Pläne vielleicht zu einem späteren Zeitpunkt fortzuführen.

Und jetzt Sie: Welche Ziele möchten Sie innerhalb des nächsten Jahres erreichen? Gibt es Ziele bzgl. Arbeit oder Ausbildung, Wohnen, Freizeit, Kontakten? Welche Schritte sind hierfür notwendig? Von welchen alten Zukunftsplänen müssen Sie sich aktuell verabschieden?

8 Belastungen von Angehörigen

8.1 Was Angehörige belastet

Viele Angehörige erleben aufgrund der Psychose eines Familienmitglieds, dass sie selbst in eine (psychische) Krise geraten. Wahrscheinlich hatten auch Sie mit schwer wiegenden Erfahrungen zu kämpfen, wie z.B. dem ersten Schock über die Erkrankung, Zukunftssorgen, Verzweiflung und Zeiten der Trauer. Als Angehöriger sind Sie von der Erkrankung mitbetroffen. Dies kann sich z.B. äußern

► in eigenem seelischem Leiden („Mitleid(en)", Schlafstörungen, Unruhe, Depressionen, Ängste etc.)
► in körperlichen Beschwerden (als Ausdruck von Überforderung)
► in Isolation (weil über das „Rätsel" einer psychischen Erkrankung nicht mit vielen Menschen gesprochen werden kann) oder auch
► in finanziellen Schwierigkeiten bis hin zu existentiellen Sorgen.

> **!** Da die Psychose Ihres erkrankten Familienmitglieds auch an Sie so hohe Anforderungen stellt, ist es wichtig, dass Sie so stabil wie möglich bleiben. Wir möchten Sie daher einladen, an dieser Stelle Ihr Hauptaugenmerk auf Ihre eigene Situation zu richten.

Jede Belastung zeigt eine persönliche Grenze an. Es ist jedoch nicht selbstverständlich, dass solche Grenzen bewusst wahrgenommen werden. Wenn ein Mitglied der Familie eine seelische Krise erleidet, werden die Angehörigen versuchen, ihrem kranken Familienmitglied eine Stütze zu sein, und ihm durch die Krise hindurchhelfen. Das ist ein wesentliches Prinzip einer Lebensgemeinschaft. Mit diesem Prinzip stoßen Angehörige von Menschen mit psychotischen Krisen aus vielerlei Gründen auf Schwierigkeiten.

Neue Beziehung. In Kapitel 2 haben wir beschrieben, wie sich der Erkrankte in einer Art und Weise „verändert", die nicht unmittelbar nachvollziehbar ist. Die Angehörigen finden sich in einer neuen Beziehung zum Betroffenen wieder. Dasselbe erlebt der Betroffene übrigens auch! Die veränderte Innenwelt des Betroffenen wird im veränderten Erleben der Familie sichtbar. Diese Entwicklung lässt sich nicht verhindern. Sie kann aber schnell zur Orientierungslosigkeit und Überforderung für den Familienverbund führen, was für keinen mehr gut ist. Im Gegenteil braucht der Betroffene möglichst klare und verlässliche Grenzen. Grenzsetzungen können ihm Orientierung geben und das Durcheinander, das die Erkrankung verursacht hat, etwas korrigieren. Wenn Sie ihm Ihre Gedanken und Gefühle – also Ihre Wahrnehmung – mitteilen, tun Sie mehr für ihn, als Sie vielleicht denken: Sie bleiben mit ihm im Kontakt!

Warum aber haben es Angehörige so schwer, ihre Wahrnehmung zu vermitteln und Grenzen zu setzen? Vielleicht deshalb, weil vieles nicht mehr selbstverständlich ist: Der Kontakt ist nicht mehr derselbe, die gegenseitige Anteilnahme ist nicht mehr dieselbe, und gleichzeitig gehen viele Angehörige bis zum Ausbruch der Erkrankung davon aus, dass sie mit dem Betroffenen genau so umgehen können wie vor der Erkrankung.

Ein Beispiel. Ein junger Mann hat sich seit Tagen in seinem Zimmer verschanzt und verlässt dieses nur, um auf die Toilette zu gehen. Die Eltern sind ratlos. Mehrfach bitten sie ihn, doch zu erzählen, was mit ihm los sei. Der Sohn erwidert – wenn er überhaupt mit den Angehörigen spricht –, dass mit *ihm* alles in Ordnung sei. Sie sollten nicht so falsch fragen, schließlich wüssten sie doch genau … Die Angehörigen reagieren mit völligem Unverständnis. Der Vater ist empört, wird ärgerlich und verlangt von seinem Sohn, dass er mit dem Theater aufhöre. Als nichts passiert, fordert die Mutter den Sohn auf, sich wenigstens zu den gemeinsamen Mahlzeiten am Alltag der Familie zu beteiligen. Der Betroffene reagiert darauf weiterhin misstrauisch, gereizt und unverständlich. Die Angehörigen formulieren ihre Bitten eindringlicher, schließlich werden sie fordernder. Sie würden ihn nicht mehr verstehen und sich Sorgen um seine Gesundheit machen. Es könne so nicht weitergehen. Daraufhin droht der Sohn, sich „das" nicht länger gefallen zu lassen und sich zur Not auch mit körperlicher Gewalt „zur Wehr" zu setzen. Die Eltern wissen sich nicht mehr zu helfen. Als ihr Sohn die Nachbarn durchs Fenster aufs Übelste beschimpft, kapitulieren sie schließlich vor der Wesensveränderung ihres Sohnes. Der Vater informiert seinen Sohn, dass er jetzt den Notarzt rufen werde. Ohne den geringsten Widerstand lässt sich der junge Mann in eine psychiatrische Klinik fahren.

An den Grenzsetzungen der Angehörigen in unserem Beispiel wird deutlich, dass die Eltern zu jedem Augenblick Verantwortung übernehmen. *Nicht* für die Lösung einer Situation, die sie nicht überblicken und schon gar nicht lösen können. Sondern in erster Linie für die *Beziehung:* Sie machen immer wieder deutlich, dass sie Anteil nehmen, verstehen und helfen wollen; sie äußern Unverständnis und Sorge; sie teilen ihre Betroffenheit mit, ihre Ohnmacht und schließlich ihre eigene „Kapitulation". In den einzelnen Kontakten zeigen sie Interesse, Zugehörigkeit und Konsequenz – als Ausdruck ihrer Zuneigung. Sie nehmen den Sohn ernst. Was sollten sie mehr tun! (Weniger wäre verständlich.) In diesen Kontakten machen sie deutlich, wo ihre persönlichen Grenzen sind, und lassen damit nicht zu, dass völlige Orientierungslosigkeit eintritt. Sie versuchen aber auch, dem Sohn seine „Freiheit" zu lassen. Der von den Eltern gefällte Entschluss, für den Sohn zu entscheiden, erfolgt erst, als ihnen ganz klar geworden ist, dass er nicht mehr selbstverantwortlich handeln kann.

Angehörigen Entlastung verschaffen. Aus der Ferne betrachtet, kommen wir also zu der Ansicht, dass die Eltern richtig gehandelt haben. Die Angehörigen selbst haben aber meist das Gefühl, versagt zu haben. Sie sind unglücklich über sich und ihre „Unzulänglichkeit", dem Betroffenen nicht anders oder nicht *mehr* geholfen haben zu können. Und genau hierzu haben wir ein Anliegen: Sie ein wenig zu entlasten.

Für den Fall, dass Sie wegen zurückliegender Ereignisse mit Ihrem erkrankten Familienmitglied Schuldgefühle haben, bedenken Sie bitte Folgendes:

► Hätten Sie nicht mehr unternommen, wenn es Ihnen möglich gewesen wäre?

► Hätten Sie nicht früher eingegriffen, wenn die Erkrankung für Sie schon früher zu erkennen gewesen wäre?

► Ist es nicht so, dass Sie keine Möglichkeit hatten, die Erkrankung zu verhindern?

► Ist es nicht so, dass Sie den Heilungsverlauf durch Ihr Zutun nicht beschleunigen können und manches nur mit der Zeit heilt?

► Ist es nicht so, dass hier mehr als eine übliche Auseinandersetzung unter Familienmitgliedern besteht, nämlich eine Erkrankung?

Nutzen Sie Ihre Einflussmöglichkeiten, und erkennen Sie Ihre Grenzen an, damit Sie sich nicht unzulänglich fühlen müssen. Natürlich ist das Gefühl von Unzulänglichkeit nur eines von vielen Gefühlen, das Sie als Angehöriger auszuhalten und zu bewältigen haben. Wir möchten Ihnen deshalb einen Überblick über die weiter unten einzeln besprochenen Gefühle geben, die im Zusammenhang mit Ihren Belastungen als Angehöriger auftreten können. Einige typische Gedanken sind den Gefühlen jeweils beispielhaft angefügt.

► Unsicherheit: Was ist eigentlich passiert? Wie soll ich mich verhalten?

► Schuldgefühle: Was habe ich falsch gemacht? Habe ich mich nicht genügend um ihn gekümmert?

- Schamgefühle: Was denken die anderen von mir? Ich will mit dem Betroffenen und seiner Erkrankung nichts (mehr) zu tun haben.
- Ungeduld: Warum tut er nicht mehr für sich? Warum hört er mir nicht zu?
- Ohnmachtgefühle: Warum ausgerechnet wir? Kann ich denn gar nichts tun?

Unsicherheit

Was ist los? Was ist da eigentlich passiert? Wie soll ich mich verhalten?

Gefühle von Unsicherheit und Ratlosigkeit treten zu Beginn der Erkrankung immer auf. Bestimmt kennen Sie diese Gefühle. Darüber hinaus bieten die oben gestellten Fragen Anlass, sich immer wieder mit ihnen auseinander zu setzen. Die beiden Fragen stehen mit Bedacht nebeneinander: Die erste zielt darauf ab, Vergangenes zu verstehen, die zweite darauf, die Gegenwart zu bewältigen. Beide können, je akuter die Situation ist, sehr drängend sein – und beide sind gleich wichtig. Dem großen Informationsbedarf von Angehörigen kann mit Arztgesprächen allein nicht entsprochen werden. Da Sie dieses Buch in Händen halten, haben Sie eine weitere Möglichkeit gefunden, sich ausführlich zu informieren. Angehörigengruppen sind eine gute Ergänzung. In Kapitel 10.2 haben wir für Sie Kontakte zusammengetragen, die ebenfalls Informations- und Austauschmöglichkeiten bieten. **Nach vorn blicken.** Sie sollten bei allem Bemühen um Verständnis des Geschehenen den Blick nach vorn nie vergessen. Es ist von Bedeutung, Ursachen und Auslöser (soweit man überhaupt etwas darüber weiß) zu kennen, Symptome als solche einordnen zu können und damit zunächst unerklärliche Verhaltensweisen des Betroffenen besser zu verstehen. Möglicherweise können Sie dadurch auch Kränkungen, die Sie durch den Betroffenen erfahren haben, rückblickend anders beurteilen. Wichtiger ist jedoch, sich damit zu beschäftigen, was in der Gegenwart passiert und wie Sie damit klarkommen können.

So normal wie möglich. Wenn wir von Angehörigen gefragt werden, wie sie sich den Betroffenen gegenüber verhalten sollen, antworten wir gerne: „So normal wie möglich." Diese Antwort ist aber erklärungs- und ergänzungsbedürftig: „Normal" soll hier heißen „wie bisher". Verhalten Sie sich möglichst wie bisher. Der Betroffene erlebt aufgrund seiner veränderten Wahrnehmung ohnehin oft mehr Neues, als er aushalten kann. Ihr altes, gewohntes Verhalten kann ihm Orientierung geben. Wenn sich beispielsweise Ihr erkrankter Angehöriger nach einer akuten Phase antriebslos und anhänglich zeigt, ist die Versuchung groß, dem nachzugeben. Dies birgt die Gefahr, dass Sie den Betroffenen – wohlmeinend – in seinem Selbstwert noch weiter schwächen. So weit wie möglich sollte er dennoch alle wichtigen Entscheidungen selbst treffen – so wie es ohne die Erkrankung auch der Fall gewesen wäre. Ihre Unterstützung ist dabei wichtig, sollte dem Betroffenen aber nur so viel Verantwortung abnehmen, wie unbedingt erforderlich ist.

Nur so viel unterstützen, wie unbedingt nötig. Dies ist immer eine Gratwanderung. Denn auf der anderen Seite gilt ja, dass Überforderungen zu vermeiden sind. Auch eine Überschätzung der Fähigkeiten kann zu erneuter Belastung für Sie und den Betroffenen führen. Wenn Sie sich an das Waage-Modell erinnern (Kap. 4.1), dann erinnern Sie sich vielleicht auch daran, dass Belastungen den Stabilisierungsprozess aufhalten können. Die Herausforderung für Sie liegt darin, dass Sie gemeinsam mit dem Betroffenen herausfinden müssen, was für ihn belastend ist und wo seine Grenzen sind. Darüber hinaus gilt: Sprechen Sie miteinander! Tauschen Sie sich aus. Bleiben Sie mit ihm im Kontakt, indem Sie ihm Ihre Gedanken und Gefühle mitteilen.

! Sie können sich nicht richtig oder falsch verhalten. Sie werden manches gemeinsam ausprobieren müssen. Und dabei entsteht eine Auseinandersetzung, für die alle Beteiligten verantwortlich sind. Sie machen also nichts falsch, wenn Sie sich so normal wie möglich verhalten und die Grenzen und Begrenzungen beachten.

Schuldgefühle

Habe ich etwas falsch gemacht? Hätte ich wissen müssen, dass das nicht gut geht? Habe ich mich nicht genügend um ihn gekümmert?

Wir gehen noch einmal zu unserem obigen Beispiel zurück und verdeutlichen uns einen der vielen Aspekte, die Schuldgefühle auslösen können: Die Eltern hatten zuletzt den Notdienst gerufen und damit die stationäre Behandlung ihres Sohnes in die Wege geleitet. Ein Betroffener fühlt sich aufgrund seiner veränderten Wahrnehmung in einer solchen Situation von seinen Angehörigen leicht verraten oder ausgeliefert. Diese Rolle nimmt kein Angehöriger leichtfertig auf sich. Im Gegenteil passiert viel eher, dass die Angehörigen starke Schuldgefühle empfinden, weil sie ihrem erkrankten Familienmitglied nicht anders zu helfen wussten. Die Schuldgefühle bedeuten eine große zusätzliche Belastung. Jedoch kommen Schuldgefühle nur zustande, wenn man die eigenen Handlungsmöglichkeiten falsch einschätzt. Die Angehörigen in unserem Beispiel *konnten* keine bessere Lösung finden. Im Zusammenhang mit dem Thema Schuldgefühle sind uns die folgenden Unterscheidungen wichtig:

▶ Angehörige sind an einer schizophrenen Erkrankung nicht *schuld*, weil es sich eben um eine Erkrankung handelt.
▶ Was dem Betroffenen möglicherweise geholfen hätte und Sie nicht tun konnten, ist kein Ausdruck von schuldhaftem Ver-

sagen. Es hat eher mit Ihren eigenen Grenzen und Möglichkeiten zu tun. Und Grenzen sind menschlich.

▶ Noch etwas anderes sind *Reue*-Gefühle. Im Nachhinein ist man immer klüger. Manchmal bedauert man Situationen, weil man sich rückblickend anders verhalten würde.

▶ Hinter Schuldgefühlen verbergen sich bei genauem Hinsehen häufig andere Gefühle, z.b. *Traurigkeit.*
Schuldgefühle treten im Zusammenhang mit Schicksalsschlägen geliebter Menschen fast immer auf. Für Eltern, Kinder und Partner von Betroffenen gehören sie gewissermaßen dazu.

Manchmal haben wir Angehörige, die sich große Selbstvorwürfe gemacht haben, gefragt, ob sie sich zutrauen würden, die Psychose selbst ausgelöst zu haben. Dies muss ja – sobald jemand mehr über die Ursachen der Erkrankung weiß – verneint werden. Oft verlagert sich dann das Gespräch auf die Frage nach den möglichen Hilfestellungen und den Grenzen, die hier bestehen. Aber auch die Gefühle von Unzulänglichkeit und Reue, die sich bei dieser Frage häufig zeigen, sind der Situation nicht angemessen, wenngleich sie nachvollziehbar sind.

Eine psychotische Erkrankung kann in den allermeisten Fällen nicht durch ein anderes Verhalten der Familie verhindert werden. Letztlich führt dies zu Gefühlen der eigenen Trauer. Durch die Erkrankung müssen auch Angehörige Abschied nehmen von eigenen Wünschen und Hoffnungen, z.b. dem Wunsch nach einem unbelasteten Leben für den Betroffenen und für sich selbst. Das macht selbstverständlich traurig und ist nur angemessen.

Schamgefühle

Was denken die anderen von mir? Irgendwoher muss es ja kommen? Denken sie, dass ich auch nicht ganz normal bin?

Vielen Angehörigen ist es peinlich, wenn Verwandte, Kollegen oder Nachbarn sich nach dem Betroffenen erkundigen. Klar, es geht ja nicht um Diabetes, einen Kreuzbandriss oder irgendeine andere ganz „normale" Erkrankung. Stattdessen gab es womöglich Situationen wie in obigem Beispiel, in dem die Nachbarschaft von einem auffälligen oder außergewöhnlichen Verhalten betroffen war oder zumindest davon erfuhr. Körperliche Erkrankungen werden meist als nicht zum Wesen eines Menschen zugehörig empfunden. Psychische Erkrankungen dagegen werden als rätselhaft oder sogar unheimlich eingeschätzt.

In den Augen von Bekannten oder Nachbarn werden Sie als Angehöriger möglicherweise mitverantwortlich für die Psychose Ihres Angehörigen gemacht. „Komisch, die Eltern sind doch eigentlich ganz nett …?" oder „Was wohl in der Familie so grundsätzlich schief gelaufen ist?" sind deshalb Fragen, die sich durchaus wohlmeinende und anteilnehmende Mitmenschen stellen mögen. Deshalb können die Kontakte mit anderen leicht peinlich ausfallen. Wenn sie überhaupt stattfinden. Mancher Nachbar wird vielleicht aus Diskretion oder Unsicherheit gar nicht nachfragen. Wir haben kein Rezept für Sie. Sie haben verschiedene Möglichkeiten, mit der Situation umzugehen:

► Sie können sich eine schlüssige Krankheitsgeschichte zurechtlegen, in der der Begriff „psychische Erkrankung" nicht vorkommt.
► Sie können sich nur ausgewählten Personen mitteilen.
► Manche Angehörige wählen dagegen eher die „Flucht nach vorn", indem sie ihre Bekannten von sich aus von der Erkrankung in Kenntnis setzen.

Vielleicht ist die letztgenannte Möglichkeit der Weg, der am ehesten Vorurteile abbauen hilft, weil dadurch mehr Dialog über tabuisierte Themen stattfindet und Nicht-Betroffenen Einblicke ermöglicht werden. Vielleicht ist dies auch der Weg, der den Angehörigen am meisten Austausch bietet und am wenigsten Gefahr, in die Isolation zu geraten. Andererseits sind sicher nicht nur positive Erfahrungen damit verbunden.

> Ich will mit … (dem Betroffenen) und der Krankheit am liebsten nichts (mehr) zu tun haben.

Solche und ähnliche Gedanken sind häufig. Eltern können von solchen Gedanken betroffen sein, noch eher Kinder oder gar Partner von Betroffenen. Die Angehörigen empfinden dabei oft Scham- oder Schuldgefühle. Sollte es Ihnen auch so gehen, würden wir Sie gerne entlasten. Solche Gedanken sind unserer Meinung nach nicht nur ganz normal, sondern auch völlig in Ordnung und zudem nachvollziehbar. Jede wie auch immer gestaltete Beziehung wird durch eine schizophrene Psychose auf eine harte Probe gestellt. Wenn sich durch die Erkrankung die Voraussetzungen ändern, kann sich auch die Form der Beziehung ändern.

Wir wünschen Ihnen also, dass Sie sich solche Gedanken erlauben. Erkennen Sie Ihre eigenen Grenzen an, die zu solchen Gedanken führen. Die Tatsache, sich über diese Empfindungen Gedanken zu machen, führt nicht unmittelbar dazu, dass Sie sich vom Betroffenen konkret distanzieren. Und selbst wenn Sie z.B. den Entschluss fassen sollten, sich von dem Betroffenen zu trennen, und dadurch Scham- und Schuldgefühle empfinden, denken Sie daran, dass Sie für die neue Situation durch die Erkrankung nicht verantwortlich sind.

 Wir empfehlen Ihnen, solche Schamgefühle nicht für sich zu behalten, sondern sie z.B. einem guten Freund mitzuteilen, der zuhören kann.

Ungeduld

Warum tut er nicht mehr für sich? Warum ist er so faul? Warum strengt er sich nicht ein bisschen mehr an? Warum hört er mir nicht zu? Warum ist er so bockig?

Betroffene werden häufig überschätzt – von Angehörigen wie von Therapeuten. Dies geschieht so leicht, weil die Betroffenen selbst sich gern überschätzen und weil Ungeduld im Spiel ist. Natürlich hätten alle Beteiligten gerne, dass sich rasch viel bewegt, der Betroffene wieder der alte ist und man die Angelegenheit schnell vergessen kann. Die Erfahrung lehrt, dass sich die Angelegenheit nie schnell vergessen lässt. Selbst wenn die akuten Symptome (Plus-Symptome) zügig abklingen, bleiben meistens Beschwerden aus dem Bereich der Minus-Symptome zurück, die Geduld erfordern. Manchmal tauchen diese Beschwerden auch erst nach einer gewissen Zeit auf, in der es dem Betroffenen wieder gut ging.

> **!** Wie auch immer der Erkrankungsverlauf sich gestaltet: Die Erkrankung braucht viel Zeit – immer!

Die Erkrankung braucht Zeit – und Sie brauchen Geduld. Stellen Sie sich darauf ein. Dies ist ein Appell, mit dem wir Sie nicht etwa entmutigen wollen, sondern Sie vor einer Falle warnen: Wenn zu viele falsche Hoffnungen auf Fortschritte des Betroffenen bestehen, wird dieser leicht übervorteilt – krankheitsbedingte Einschränkungen werden als Nichtwollen oder gar Faulheit missverstanden. Sie sollten also nachdenklich werden, wenn Ihnen Sätze in den Sinn kommen wie „Warum tut er nichts?" oder „Warum hört er nicht auf mich?". Wenn das Verhalten des Betroffenen deutlich vom früheren Verhalten abweicht, sollten Sie davon ausgehen, dass Einschränkungen die (Haupt-)Ursache sind.

Wohlgemerkt: Es ist im Einzelfall durchaus sinnvoll, dass der Betroffene trotz oder gerade wegen seiner Beeinträchtigungen aktiver wird. Manchmal würde es dagegen eine Überforderung darstellen. Welches Maß an Aktivität das richtige ist, muss sich erweisen.

! Wir wissen, dass Ihre Geduld oft über Gebühr beansprucht wird. Vielleicht können Sie sich, wenn Sie mit Ihrer Geduld am Ende sind, die Frage stellen: „Warum tue ich nicht mehr für mich?" Eine Besinnung auf Ihre persönlichen Bedürfnisse kann Ihnen vielleicht eine Entlastung sein.

Ohnmachtgefühle

Warum ausgerechnet wir? Kann ich denn gar nichts tun?

Jede schwere Erkrankung (und dazu zählen wir eine schizophrene Psychose) ist ein Schicksalsschlag und ruft Gefühle der Ohnmacht hervor. Der weitere Verlauf bietet zahlreiche Situationen, die ihrerseits ohnmächtig machen können. Dies kann der Fall sein, wenn Betroffene sich anders verhalten, als Sie es sich als Angehöriger wünschen würden. Beispiele hierfür sind ein Behandlungsabbruch durch den Betroffenen, das Absetzen der Medikamente gegen ärztlichen Rat oder die Weigerung des Betroffenen, sich professionelle Hilfe zu holen. Dies kann auch der Fall sein, wenn Therapeuten sich anders verhalten, als Sie es sich wünschen. Beispiele hierfür sind Therapiemaßnahmen, die nicht Ihren Vorstellungen entsprechen, Medikamente, die starke Nebenwirkungen haben (können), oder die Beendigung eines stationären Aufenthalts, ohne dass konkrete weiterführende Maßnahmen vorbereitet wären.

Gegen Ohnmachtgefühle können Sie manchmal schlicht nichts tun und können sie nur aushalten. Allerdings gilt auch hier zu überlegen, wer für was verantwortlich ist:

▶ Der Betroffene ist für sein Leben selbst verantwortlich.
▶ Sie sind für den Betroffenen nur mitverantwortlich; für sich und die Einhaltung Ihrer persönlichen Grenzen sind Sie selbst verantwortlich.

Diese Trennung von Verantwortlichkeiten hat weit reichende Konsequenzen: Sie müssen nicht erdulden, dass der Betroffene

Behandlung oder Medikamente verweigert. Teilen Sie ihm Ihre Grenzen mit. Versuchen Sie, ihm klarzumachen, dass eine Zustandsverschlechterung auf Kosten aller geht und Sie damit überfordert sind. Manchmal ist es auch sinnvoll, konkrete Forderungen an den Betroffenen für das weitere Zusammenleben zu stellen (z.B. keine Drogen oder kein Alkohol).

Konsequenzen aufzeigen. Bei diesem schweren Schritt sollten sich jedoch alle über die Konsequenzen im Klaren sein. Für den Fall, dass der Betroffene nicht mehr selbstverantwortlich handeln kann, gilt dasselbe, wobei hier auch die Gesellschaft Grenzen setzt bzw. Gesetze bereithält (s. Kap. 5.2 „Behandlung nur mit Einverständnis des Betroffenen – und Ausnahmen"). Sollten Sie nicht unmittelbar betroffen sein, weil Ihr Angehöriger nicht mit Ihnen zusammenwohnt, Sie aber in „ohnmächtiger" Sorge um den Betroffenen sind, empfehlen wir Ihnen Folgendes: Teilen Sie ihm Ihre Sorgen und Gedanken mit. Das ist das Einzige, was Sie im Moment für ihn tun können. Manchmal ist es auch gut, eine positive Perspektive zu geben, indem über die Möglichkeiten nach einer erfolgreichen Behandlung gesprochen wird.

Selbstverantwortung akzeptieren. Versuchen Sie, die Selbstverantwortung des Betroffenen zu akzeptieren. In letzter Konsequenz heißt das z.B., mit anzuschauen und aushalten zu müssen, dass der Betroffene ohne Medikamente einen Rückfall erleidet und erneut in stationäre Behandlung kommt. Für nicht wenige Betroffene ist Rückfall die einzige Möglichkeit, sich von der Notwendigkeit und der Wirksamkeit der Medikamente zu überzeugen.

Mit dem Therapeuten sprechen. Sie sollen auch nicht erdulden, dass der Betroffene sich Therapiemaßnahmen oder Medikamentennebenwirkungen zu unterziehen hat, die Ihnen sinnlos erscheinen, oder dass er z.B. Wochenendbeurlaubungen erfährt, mit denen Sie überfordert sind. Wir möchten Sie im Gegenteil dazu ermutigen, mit den Therapeuten zu reden, um ihnen Ihre Zweifel und Grenzen mitzuteilen. Sie tragen damit zum Gelingen der Therapie bei. Manchmal sehen Sie Nebenwirkungen leichter als Therapeuten, weil Sie den Betroffenen die längste Zeit ohne Beeinträchtigungen erlebt haben. Häufig können im Gespräch Missverständnisse bzgl. Therapie und Medikation beseitigt werden. Und Ihre Beobachtungen zur Befindlichkeit des Betroffenen zu Hause sind eine ganz wichtige Ergänzung z.B. zu den Erfahrungen auf Station.

Die Situation von Kindern erkrankter Eltern

Sollten Sie mit dem Betroffenen zusammen kleine oder auch jugendliche Kinder haben, möchten wir mit Ihnen über deren Situation nachdenken.

Kinder von an Schizophrenie Erkrankten, die noch bei den Eltern oder einem Elternteil leben, sind in besonderer Weise von der Erkrankung betroffen. Als Kinder sind sie abhängig von ihren Eltern, nicht nur materiell und ideell, sondern vor allem auch emotional. Sie sind noch sehr eng mit ihnen verbunden. Wenn ein Elternteil erkrankt, machen sich viele Kinder Vorwürfe und fragen sich, was sie ihm angetan haben. Ältere „Kinder", also Jungendliche, beginnen sich abzulösen, indem sie anfangen, ihre Eltern abzulehnen und sich selbst zu behaupten. Kranke Eltern abzulehnen verursacht aber Schuldgefühle. Dadurch ist die Ablösung erschwert.

Für kleinere Kinder ist es also wichtig, jederzeit zu erfahren, dass die Erkrankung nichts mit ihnen zu tun hat. Den gesunden Elternteil brauchen sie in dieser Zeit mehr als zuvor. Für Jugendliche ist es wichtig, Unterstützungsmöglichkeiten außerhalb der Familie zu haben. Auch in einem Kinder- und Jugendlichenpsychotherapeuten können Kinder und Jugendliche eine wichtige und entlastende Hilfe finden.

Sollten Sie als Angehöriger oder Freund einer betroffenen Familie mit Kindern erleben, dass die Kinder keine derartige Unterstützung erfahren, bitten wir Sie, mit den Eltern darüber zu sprechen.

8.2   Was Angehörige entlastet

Wir wollen Ihnen im Folgenden einige Anregungen geben, wie Sie mit Ihrer Situation leichter zurechtkommen können. Diese Anregungen sind allgemeiner Art. Sie könnten genauso gut für Angehörige gelten, die von anderen Erkrankungen betroffen sind. Dennoch haben sie viel damit zu tun, was wir am Anfang dieses Kapitels ausgeführt haben. Auf einen Nenner gebracht, geht es darum, dass Sie in erster Linie für sich sorgen sollten, weil Sie dann dem Betroffenen eine Hilfe sein können, seine Situation auszuhalten. Die folgenden Anregungen haben wir ausgewählt und führen sie weiter unten aus:
▶ sich zusätzliche Unterstützung suchen
▶ Ausgleichsbeschäftigungen nachgehen
▶ Absprachen und Regelungen treffen
▶ die eigenen Anstrengungen würdigen.

Unterstützung suchen

Sprechen Sie! Sprechen Sie so viel wie möglich mit Freunden und Verwandten – auch wenn Ihnen lange Zeit nicht danach zumute ist. Fordern Sie Ihre Freunde auf, Ihnen dabei zu helfen, dass Sie ins Reden kommen. Lassen Sie es Ihre Freunde wissen, wenn Sie dazu neigen, sich zurückzuziehen und sich zu verkriechen. Holen Sie sich Rat, wenn Sie nicht weiterwissen. Sprechen Sie mit Ihren Freunden möglichst über alle Gefühle, die Sie belasten. Diskutieren Sie mit ihnen Ihre Gedanken zu diesem Buch. Und bitten Sie Ihre Freunde, Sie zu Aktivitäten mitzunehmen, wenn Sie selbst keine Ideen haben, was Ihnen Spaß machen könnte.
Gruppen. Eine weitere Hilfe kann sein, sich einer Selbsthilfe- bzw. Angehörigengruppe anzuschließen. Möglicherweise fällt es Ihnen sogar leichter, unter zunächst Unbekannten Fragen zu stellen oder Sorgen zu äußern. Die Gruppe hat natürlich große Vorteile: Dadurch, dass alle Beteiligten in einem Boot sitzen, ist

häufig ein Verständnis für die Situation vorhanden, das Sie unter Nicht-Betroffenen nicht so leicht vorfinden. Erfahrungsberichte und gemeinsame Überlegungen bieten unmittelbare Entlastung. Dadurch, dass Sie eigene Probleme bei anderen wiedererkennen, kann Distanz zur eigenen Betroffenheit entstehen.

Außerdem lässt sich vieles gemeinsam leichter aushalten. Gespräche mit Freunden und Verwandten kann und soll die Gruppe freilich nicht ersetzen.

Psychotherapie. Wenn Sie durch die Erkrankung Ihres Angehörigen so sehr beeinträchtigt sind, dass auch Sie psychische Beschwerden haben, ist eine Psychotherapie sinnvoll. Wir wollen Sie nicht zu „Kranken" machen. Eine Therapie bietet die Möglichkeit, ganz konkrete Hilfe bei der Bewältigung verschiedener Belastungen zu erfahren, sich mit seinen Gefühlen besser zu verstehen oder Änderungen herbeizuführen, wo Sie mit der bestehenden Situation nicht klarkommen. Übrigens wird Psychotherapie in aller Regel von der Krankenkasse bezahlt. Sie haben die Möglichkeit, bis zu fünf „Kennenlerngespräche" mit einem Therapeuten zu führen, bevor Sie sich entscheiden müssen, ob Sie sich wohl fühlen oder einen anderen suchen wollen. Fragen Sie einmal in Ihrem Bekanntenkreis nach, wer Erfahrungen mit Psychotherapie hat und evtl. jemanden kennt. Das kann Kontaktängste abbauen helfen.

Hinweise bei der Suche nach Angehörigengruppen und Psychotherapeuten finden Sie in Kapitel 10.2.

Ausgleichsbeschäftigungen nachgehen

Möglicherweise hat sich Ihre Freizeit verändert, seit Ihr Angehöriger an einer Schizophrenie erkrankt ist. Denken Sie doch einmal darüber nach: Gibt es Aktivitäten oder gar Rituale, die früher zu Ihrem Tag dazugehört haben und jetzt eigentlich kaum noch vorkommen? Wie oft im Monat treffen Sie sich mit Freunden, und wie oft war das früher der Fall? Wie sehr können Sie Ihre Freizeit noch genießen? Und wie gut können Sie noch abschalten und es sich gut gehen lassen?

Wenn Sie zu dem Ergebnis kommen, dass sich Ihre Freizeit deutlich verändert hat, dann empfehlen wir Ihnen, etwas dagegen zu unternehmen.

! Ihr Eingebundensein in die Erkrankung des Betroffenen erfordert Ausgleich.

Allzu große Veränderungen Ihres Alltags – und vor allem Einschränkungen Ihrer Freizeit – sollten Sie nicht zulassen bzw. möglichst vermeiden. Je nachdem, wie belastet Sie aktuell von Ihrer Situation sind, ist es vielleicht sogar nötig, für *mehr* Freizeit und *angenehmere* Aktivitäten zu sorgen als früher. Grenzen Sie sich also (ab und zu) bewusst von den Belangen des Betroffenen ab, und nehmen Sie sich Zeit für Dinge, die Ihnen Spaß machen.

Wenn Sie Ihre bisherigen Freizeittätigkeiten nicht mehr genießen können, dann sollten Sie versuchen, Ablenkung zu finden. Dies ist mit anderen zusammen meist einfacher als allein. Am besten ist es dann, wenn Sie sich von „unternehmungslustigen" Menschen mitnehmen lassen. Vielleicht hilft es Ihnen auch, zu überlegen, was Ihnen früher Spaß gemacht hat oder was Sie schon immer gerne einmal tun wollten.

Absprachen und Regelungen treffen

Eine Psychose führt immer dazu, dass innerhalb der Familie neue Absprachen getroffen werden müssen. Das kann nicht auf einmal passieren, sondern nur schrittweise. Das Entlastende an Absprachen ist, dass Sie Zuständigkeiten definieren, Grenzen aufzeigen und Positionen festlegen, wodurch klare Strukturen entstehen können. Dadurch entstehen Halt, Orientierung und Entlastung.

Sehr häufige Absprachen, die getroffen werden müssen, beziehen sich ganz pragmatisch auf die Aufgabenverteilung im Haushalt. Erkrankte Familienmitglieder sind oft nicht wie früher in der Lage, ihre Aufgaben im Haushalt zu erfüllen. Dann kann es nötig werden, Tätigkeitsbereiche ganz neu zu verteilen und immer wieder an die Möglichkeiten des Betroffenen anzupassen. Es ist grundsätzlich sinnvoll, vom Betroffenen eine gewisse Mitarbeit bzw. Beteiligung im Haushalt zu fordern, wie begrenzt sie auch ausfallen mag. Darin drückt sich nicht nur Arbeitsverteilung aus, sondern auch die Würdigung der Lebensgemeinschaft.

Auch bzgl. des Umgangs miteinander müssen oft Absprachen getroffen werden. Beispielsweise kann es nötig sein, dass Sie bestimmte Streitsituationen vermeiden, bestimmte Reizthemen nicht ansprechen oder für Absprachen einen geeigneten Rahmen wählen. Es sollte ein Dialog entstehen, in dem Sie gemeinsam absprechen, wie damit umgegangen werden kann. Dabei sollten auch die jeweiligen Grenzen besprochen werden. Sie könnten z.B. gemeinsam festlegen, wie die regelmäßige Medikamenteneinnahme, die Einhaltung von Arztbesuchen oder der Verzicht auf Alkohol und Drogen gewährleistet werden kann. Daraus entstehen nicht selten Auseinandersetzungen, die jedoch zu konstruktiven Lösungen führen können – diese werden dann dazu beitragen, dass auch Sie als Angehöriger Entlastung finden.

Die eigenen Anstrengungen würdigen

Für viele Angehörige ist es entlastend, wenn ihnen bewusst wird, wie sehr sie den Betroffenen durch ihr aktives Aushalten der Erkrankung unterstützen. Deshalb möchten wir Ihnen dies hier ausdrücklich sagen: Sie tun viel allein schon dadurch, dass Sie den Kontakt zum Betroffen nicht abbrechen und die Situation aushalten. „Mit uns Betroffenen auszuhalten ist viel – mehr als man erwarten kann", ist die Aussage eines Betroffenen. Sie drückt Hoffnung auf Beistand aus und würdigt den Beitrag der Angehörigen. Sie bringt zum Ausdruck, dass Angehörige Enormes leisten, indem sie aushalten. Aushalten ist etwas anderes als Resignation, und es bedeutet auch nicht, in der Situation zu erstarren. Machen Sie sich bitte immer wieder klar, was Sie alles leisten, wenn Sie

▶ mit dem Betroffenen in Kontakt bleiben,

▶ die Grenzen akzeptieren, die durch die Erkrankung gesetzt sind,

▶ vielfältige praktische Unterstützung leisten,

- ▶ Möglichkeiten für eine feste Tagestruktur anbieten,
- ▶ berücksichtigen und akzeptieren, dass Betroffene vieles von dem, was sie nicht wollen, tatsächlich auch nicht können,
- ▶ dem Betroffenen erlauben, dass er sich zeitweise zurückzieht,
- ▶ sich und dem Betroffenen keine unrealistischen Ziele setzen.

9 Symptome erkennen und reduzieren

Anhaltende Symptome. Sie sind jetzt im letzten größeren Kapitel dieses Buches angekommen. Wir wissen selbst: Dieses Buch bietet keine „leichte Kost". Schön, dass Sie auch weiterhin Interesse an der Auseinandersetzung mit Ihrer Krankheit haben. Wir wissen aus der Zusammenarbeit mit Betroffenen, dass es oft schwer ist und viel Mühe bereitet, sich mit den verschiedenen Aspekten der Erkrankung auseinander zu setzen. In diesem Kapitel geht es nun um anhaltende Symptome. Bis zur Hälfte der Betroffenen leiden auch noch ein Jahr nach der letzten akuten Phase der Erkrankung unter Beschwerden. Dies gilt vor allem für Minus-Symptome wie z.B. Antriebsprobleme, Rückzugstendenzen, verminderte emotionale Gefühlsempfindungen und Konzentrationsstörungen. Bei einigen Patienten bleiben, trotz ausreichender medikamentöser Behandlung, Plus-Symptome (wie Halluzinationen, verstärktes Misstrauen, Fremdbeeinflussungserleben oder eine erhöhte Antriebssteigerung/Erregung) zurück.

Selbst aktiv werden. Was können Sie tun, um mit diesen anhaltenden Symptomen umzugehen? Und wie können Sie versuchen, die Symptome zu reduzieren? Um die Antwort auf diese Fragen soll es im Folgenden gehen. Es ist keine leichte Aufgabe. Es verlangt von Ihnen viel Eigeninitiative und einen gewissen Grad an Stabilität. Stellen Sie sich bitte deshalb zuerst die folgenden entscheidenden Fragen:

▶ Habe ich Interesse daran, zu diesem Zeitpunkt aktiv etwas gegen die Symptome zu tun?
▶ Habe ich derzeit „den Rücken frei", um mich mit meinem Erleben beschäftigen zu können? (Zeiten beruflicher Anspannung oder Zeiten mit einem hohen Ruhebedürfnis sind z.B. nicht geeignet für die Strategien, die wir im Folgenden besprechen wollen.)

Wenn Sie beide Fragen mit Ja beantworten, möchten wir Sie einladen, in diesem Kapitel weiterzulesen. Fühlen Sie sich aber bei dem Gedanken überfordert, jetzt auch noch gegen die Symptome angehen zu müssen, dann warten Sie einen späteren Zeitpunkt ab. Sind Sie noch unentschlossen und können nur schwer einschätzen, ob Sie schon in der Lage sind, sich dieser Anforderung zu stellen, dann schlagen wir Ihnen vor: Probieren Sie es einfach. Falls es nicht klappt, versuchen Sie es später wieder.

❗ Wenn erste Bewältigungsversuche scheitern, bedeutet das nicht, dass man nichts gegen Ihre Beschwerden tun kann. Vermutlich ist dann einfach nur der Zeitpunkt nicht der beste für Sie.

9.1 Veränderungen herbeiführen: das Grundprinzip

Bevor wir auf die einzelnen Symptome eingehen, möchten wir Sie mit dem Grundprinzip der Vorgehensweise vertraut machen. Nehmen Sie das Arbeitsblatt 7 (Veränderungsprotokoll) zur Hand. Vielleicht ist Ihnen das Vorgehen schon vertraut, und Sie haben sich in Kapitel 7 (Belastungen vermindern) ausführlich damit beschäftigt. Falls nicht, möchten wir Sie bitten, sich nun damit vertraut zu machen.

Es gibt einen Vorteil, anhand eines vorgegebenen Veränderungsmodells vorzugehen: Ein Modell gibt eine sehr strukturierte Arbeitsweise vor. Das kann entlastend sein und gewährleistet, dass in jeder Situation Ihre momentanen Möglichkeiten, Ideen und Empfindungen berücksichtigt werden. Die einzelnen Schritte sind: (1) genaues Betrachten, (2) Lösungsideen sammeln, (3) konkretes, realistisches Ziel und Vorgehen festlegen, (4) Ziel umsetzen, (5) Erfolg überprüfen und (6) sich für die Anstrengungen belohnen. Wenn Sie sich mit Symptomen beschäftigen, bedenken Sie bitte auch Folgendes:

- Manchmal ist es auch schon entlastend, über die Symptome mit jemandem zu sprechen. Schämen Sie sich nicht!
- Symptome können durch zu große Belastungen und bei geringer Belastbarkeit ausgelöst werden. Deshalb ist es immer auch wichtig, die Belastungen zu reduzieren und Bedingungen für eine erhöhte Belastbarkeit zu schaffen (s. Kap. 7).
- Die Symptome sind manchmal zu stark, um mit Eigeninitiative etwas dagegen tun zu können. Es ist kein Rückschritt, sich *vorübergehend* durch Veränderung der Medikamente Unterstützung zu holen. Im Gegenteil, diese Entscheidung zeigt, dass Sie schon eine erhöhte Aufmerksamkeit für sich selbst entwickelt haben (s. Kap. 5.3).

Und jetzt Sie: Im Folgenden werden wir anhand von Beispielen zeigen, wie man einige häufig genannte Symptome bearbeiten kann. Bitte überlegen Sie daher, welches Symptom für Sie eine Belastung darstellt, bevor es darum geht, Ihre Symptome zu reduzieren.

Ein letzter Hinweis: Dieses Kapitel ist auf keinen Fall so gedacht, dass Sie es in einem Rutsch durcharbeiten sollen. Bearbeiten und erproben Sie eins nach dem anderen, auch wenn Sie unter mehreren Symptomen leiden. Überfordern Sie sich nicht. Sie dürfen sich erlauben, sich bei diesem Kapitel Zeit zu lassen.

9.2 Verminderter Antrieb

Was bedeutet verminderter Antrieb? Die Rede ist davon, dass es Ihnen möglicherweise schwer fällt, bestimmte Aktivitäten durchzuführen. Dies betrifft viele Tätigkeiten, angefangen beim morgendlichen Aufstehen über das Einhalten von Terminen bis hin zu Freizeitaktivitäten. Wenn Sie versuchen, etwas anzugehen, bemerken Sie vermutlich einen großen inneren Widerstand und erleben die Versuchung, gleich wieder damit aufzuhören und einfach nichts zu tun.

Um den Antrieb zu verbessern, geht es zunächst um eine nähere Beschreibung dessen, was schwierig ist. Stellen Sie sich doch bitte einmal folgende Fragen:

► Was ist für Sie problematisch? Wobei ist Ihr „Antrieb vermindert" (z.B. Aufstehen, Ernährung, Hygiene, körperliche Leistungsfähigkeit, Kontakte)?
► Wann und wie oft fühlen Sie sich schwunglos? Gibt es Einflüsse, wie z.B. Tagesrhythmus, Medikamenteneinnahme, größere Anstrengung?
► Welche Gedanken oder welche Gefühle haben Sie in einer solchen Situation? Ist es eher die Sorge, die Aufgaben nicht bewältigen zu können? Spielen Ängste eine Rolle? Oder sind Sie verärgert über das, was von Ihnen verlangt wird? Fühlen Sie sich minderwertig, weil Sie so wenig tun können?

! Bitte berücksichtigen Sie: Verminderter Antrieb hat oft nichts mit Nichtwollen zu tun. Es ist nicht so, dass einfach nur der Wille fehlt. Die Antriebsstörung ist ein Symptom der Erkrankung und hat auch die Funktion, Überforderung und Überaktivierung in der Stabilisierungsphase zu verhindern.

Gegen das Symptom kann man durchaus etwas tun. Jedoch soll auch dies gut überlegt sein. Hilfreiche Fragen, die Sie sich zu diesem Zweck stellen können, sind u.a. die folgenden:

► Gibt es Situationen, in denen Sie etwas aktiver sind? Wie unterscheiden sich diese Situationen von den Phasen der Schwunglosigkeit?
► Gibt es bestimmte Gedanken, die Ihnen helfen, eine Aktivität zu beginnen?
► Was hat Ihnen schon geholfen, etwas aktiver zu sein? Können Sie dies auch in anderen Situationen anwenden?
► Was möchten Sie ausprobieren?

Lassen Sie sich Zeit, um diese Fragen zu beantworten, auch hier ist es wieder sinnvoll, dies schriftlich zu tun. Sie finden dabei heraus, wie Sie aktiv werden können. Setzen Sie Ihr Vorhaben um. **Die wichtigste Strategie: Planung.** Nicht alle Aktivitäten sind gleich wichtig. Dies gilt vor allem dann, wenn ohnehin Dinge gleichzeitig erledigt werden müssen. Es ist sinnvoll, zu überlegen, welche Dinge Sie bald erledigen sollten und welche Sie zunächst unerledigt lassen können. Ein Wochenplan kann Ihnen dabei als Hilfestellung für die konkrete Planung dienen.

> **!** Auch wenn es viel Mühe macht und manchmal überflüssig erscheint: Das schriftliche Planen hilft, den Überblick zu behalten.

Wir möchten Sie dazu ermutigen, sich auf dieses Experiment einzulassen – vielleicht können Sie später feststellen, wie unterstützend und entlastend eine gute Planung ist. Übrigens: Auch Planen ist Übungssache und ein Prozess. Oft weiß man erst hinterher, wie viel Zeit eine Aufgabe beansprucht und vor allem wie viel Energie sie einem abverlangt. Durch solche Erfahrungen kann die nächste Planung dann auch schon ganz anders aussehen.

 Beginnen Sie doch gleich mal mit der nächsten Woche. Tragen Sie in das Arbeitsblatt 8 (Wochenplan) als Erstes Ihre festen Termine ein. Im nächsten Schritt überlegen Sie, welche Dinge Sie unbedingt erledigen müssen.

> **!** Auch wenn Sie den Wunsch haben, alle unangenehmen Dinge auf einmal zu erledigen, ist es gut, darauf zu achten, die Aufgaben gleichmäßig zu verteilen. Überfordern Sie sich nicht!

Wenn Sie den Plan fertig gestellt haben, machen Sie am besten eine kurze Pause und schauen ihn dann noch einmal in Ruhe an. Welche Gedanken haben Sie dabei?

▶ Sind Sie mit Ihrer Planung zufrieden? Dann können Sie am Ende der Woche überprüfen, ob Sie Ihren Plan einhalten konnten.

▶ Erscheint Ihnen Ihr Plan zwar machbar, aber Sie stellen fest, dass überwiegend nur Pflichten darin berücksichtigt sind? Dann überlegen Sie, ob Sie sich nicht auch angenehme Dinge vornehmen können und ob sich einzelne Pflichten nicht auch noch aufschieben lassen.

▶ Kommt es Ihnen so vor, dass alles viel zu viel ist? Dann sollten Sie Ihre Planung überdenken. Es nützt nichts, sich viel vorzunehmen, dann aber unter der Last der Anforderungen zu verzagen und gar nichts zu erledigen. Nehmen Sie sich lieber nur einzelne Dinge vor, und setzen Sie dann alles daran, dies zu schaffen. Das bringt Ihnen Erfolgserlebnisse ein.

▶ Ist Ihr Plan fast leer? Dann sind Sie vielleicht traurig darüber, wie wenig Anforderungen Sie im Moment haben. In diesem Fall schlagen wir Ihnen eine längerfristige Planung vor. Dies werden wir im nächsten Abschnitt ansprechen („Neue Aktivitäten einplanen").

Falls Sie nichts am Plan verändern möchten, lassen Sie die nächste Woche auf sich zukommen. Sie haben immer die Möglichkeit, zusätzliche Aktivitäten einzutragen. Am Ende der Woche können Sie noch einmal Resümee ziehen, ob Ihre Planung Ihren Möglichkeiten und Wünschen entsprach oder ob Sie Veränderungen vornehmen möchten.

Konstruktives Bewerten lernen. Eine zusätzliche Möglichkeit, um den Wochenplan für sich zu nutzen, ist die Bewertung der einzelnen Aktivitäten und des ganzen Tages. Oft sind wir am Abend unzufrieden, obwohl wir viel erledigt haben. Dies kann daran liegen, dass die Aktivitäten nur aus Pflichten bestehen und zu wenig angenehmer Ausgleich zu unseren Pflichten stattfindet. Versuchen Sie einmal, jede einzelne Aktivität zu bewerten. Für angenehme Aktivitäten vergeben Sie ein Plus (+), für unangenehme ein Minus (–). Auch die Bewertung des ganzen Tages hilft oft zu verstehen, warum man unzufrieden ist und auch Sorge hat, die nächsten Tage gut zu überstehen. Am Ende jedes Tages finden Sie im Plan eine Spalte, in der Sie Ihre Einschätzung eintragen können.

> **!** Überwiegen sowohl bei den Aktivitäten als auch bei der Tageseinschätzung die Minus-Bewertungen, sollten Sie versuchen, eine Änderung herbeizuführen. Überlegen Sie, ob Sie etwas Angenehmes einplanen können. Haben Sie das Gefühl, dass die Aufgaben, auch wenn es nur wenige sind, Sie überfordern, dann sollten Sie Ihre Belastungen reduzieren (Anregungen dazu s. Kap. 7). Überlegen Sie auch, ob Ihnen jemand bei der Aufgabenbewältigung helfen kann.

Orientieren Sie sich dabei nicht an Ihrer Leistungsfähigkeit vor Ihrer Erkrankung. Schauen Sie die Fortschritte an, die Sie seit Ausbruch der Erkrankung gemacht haben. Ihre Leistungsfähigkeit wird sich mit der Zeit verbessern – dies kann lange dauern. Haben Sie Geduld. Trainieren Sie Ihre Leistungsfähigkeit ganz langsam. Wenn Sie „kleine Brötchen backen", werden Sie mehr Erfolg haben.

Ein Tipp: Wenn es Ihnen am Anfang noch zu schwierig erscheint, Ihre Woche mit Hilfe des Wochenplans vorauszuplanen, können Sie auch mit einem Wochenprotokoll (Arbeitsblatt 9) beginnen. Tragen Sie auch hier Ihre festen Termine und Aufgaben ein, und ergänzen Sie dann das Protokoll entsprechend Ihren Aktivitäten. Im nächsten Schritt können Sie überlegen, ob Sie weitere Aktivitäten einplanen möchten.

Neue Aktivitäten einplanen. Manchmal ist es gar nicht so einfach, die passende Aktivität zu finden. Dies verlangt von Ihnen v.a. Phantasie und Kreativität. Wir schlagen Ihnen vor, sich eine

Ideenliste von Aktivitäten anzulegen. Dafür sollten Sie zunächst ganz unbefangen Ideen sammeln, ohne gleich zu bewerten, ob die Umsetzung möglich ist. Diese Liste können Sie auch im Laufe der nächsten Zeit ergänzen. Aus Erfahrung wissen wir, dass es Menschen, denen es im Moment gerade nicht so gut geht, besonders schwer fällt, sich vorzustellen, Spaß an bestimmten Aktivitäten zu haben. Folgende Gedanken oder Fragen hören wir dabei öfters:

▶ Wozu soll ich das tun? Ich weiß jetzt schon, dass es mir gar keinen Spaß machen wird.
▶ Dazu habe ich zu wenig Energie.
▶ Ich belaste durch meine Anwesenheit nur die anderen.

Das sind lediglich Gedanken und Annahmen von Ihnen. Wenn Sie es nicht ausprobieren, vergeben Sie sich die Möglichkeit, zu überprüfen, ob bestimmte Dinge Ihnen nicht doch etwas Spaß machen können. Sie verzichten dann von vornherein auf einen Zugewinn für Ihren Alltag. Fragen Sie sich auch, was Sie dabei verlieren, wenn Sie es versuchen.

> **!** Erfolge können sich nur einstellen, wenn Sie etwas tun – wer wagt, gewinnt.

Wenn Sie jetzt weiter darüber nachdenken, welche Aktivitäten Sie künftig vermehrt durchführen möchten, dann notieren Sie bitte zu jeder der folgenden Fragen, was Ihnen dazu einfällt (eine kleine Auswahl von angenehmen Aktivitäten finden Sie in Kap. 7.4):

▶ Welche Aktivitäten haben Ihnen früher Spaß gemacht?
▶ Welche Aktivitäten würden Sie gerne neu erschließen?
▶ Was tun Ihre Freunde, Kollegen oder Angehörige in ihrer Freizeit?
▶ Gibt es etwas, das Sie gern mit Familienmitgliedern oder Freunden zusammen machen möchten?
▶ Welche Aktivität möchten Sie ausprobieren? Wie können Sie dies umsetzen?

Wichtige Punkte beim Planen von Aktivitäten
- ► Setzen Sie sich kleine Ziele, die Sie nicht überfordern.
- ► Planen Sie auf jeden Fall Aktivitäten, um Unterforderung zu vermeiden (Minimalplan).
- ► Ergänzen Sie Aktivitäten, und steigern Sie die Aktivitäten.
- ► Überprüfen Sie, ob Sie Ihr Ziel erreicht haben. Streben Sie evtl. ein kleineres Ziel an.
- ► Vergessen Sie nicht, sich zu belohnen.

9.3 Gefühlsleere

Viele Betroffene berichten, dass sie sich „leer" fühlen und kaum noch Gefühle wie Freude oder Ärger empfinden können. Auch dies ist ein Symptom der Erkrankung. Wir gehen davon aus, dass auch dieses Symptom eine Schutzfunktion erfüllt. Intensive Gefühle sind belastend. Dies ist unabhängig davon, ob sie positiv oder negativ sind. Im Extremfall können intensive Gefühle (positive und negative) zum Rückfall führen. Deshalb kann es nicht darum gehen, intensive Gefühle aktiv hervorzurufen oder persönliche Konflikte mit intensiver emotionaler Beteiligung „anzuheizen".

Aus diesem Grund halten wir es für ein wichtiges Ziel, dass Sie Ihre Gefühle differenziert betrachten und lernen, diese genau zu benennen. Dazu möchten wir Ihnen im Folgenden einige Vorschläge machen.

Unterschiede wahrnehmen. Wir neigen oft dazu, alles über einen Kamm zu scheren. Dies äußert sich dann z.B. in Gedanken und Annahmen wie: „Ich kann gar nichts mehr empfinden" oder „Ich fühle mich immer gleich". Nehmen Sie sich Zeit, und überlegen Sie:
- ► Welche Gefühle erleben Sie im Augenblick? Wie geht es Ihnen damit? Jedes Gefühl ist erlaubt. Es gibt keine falschen Gefühle.

- Gibt es Situationen, in denen Sie mehr empfinden? Überprüfen Sie, ob Sie sich immer gleich fühlen.
- Beschreiben Sie, wodurch Sie Gefühle ausdrücken können (lächeln, aktiver sein, sich zurückziehen).
- Welches Gefühl möchten Sie – wenn möglich – wieder einmal erleben (gibt es Situationen, die dieses Gefühl auslösen könnten)?
- Versuchen Sie, Situationen aufzusuchen, die Sie früher als angenehm erlebt haben.

Das Wahrnehmen von Unterschieden benötigt Übung. Fragen Sie auch mal andere, ob diese unterschiedliche Gefühlsäußerungen bei Ihnen wahrnehmen können. Versuchen Sie, auch zarte Gefühle aufmerksam zu betrachten.

9.4 Konzentrationsprobleme

Konzentrationsstörungen können im Alltag sehr hinderlich sein. Betroffene erleben, dass es ihnen schwer fällt, über längere Zeit bei einer Sache zu bleiben, Texte zu lesen oder Aufgaben zu bearbeiten. Die Gedanken schweifen ab, viele Pausen sind nötig. Diese Beschwerden bestehen oft bereits seit einem längeren Zeitraum und verändern sich nur sehr langsam. Dies gilt auch, wenn so genannte Konzentrationsübungen durchgeführt werden. Auch diese führen nicht zu einer raschen Verbesserung der Leistungsfähigkeit.

Realistischer Anspruch an sich selbst. Bei genauem Hinschauen können jedoch Unterschiede in der Konzentrationsfähigkeit bemerkt werden. So spielt die Situation, die Einstellung oder der Anspruch eine wichtige Rolle, wenn man eine Aufgabe erledigt. Gelingt es Ihnen, günstige Bedingungen und einen realistischen Anspruch an sich selbst zu schaffen, kann dies insgesamt zu einer verbesserten Leistung führen. Folgendes Vorgehen soll Ihnen dabei helfen, Ihre Konzentrationsfähigkeit differenziert wahrzunehmen. Überlegen Sie zuerst, in welchen Situationen bzw.

bei welchen Anforderungen Ihre Konzentration eingeschränkt ist. Machen Sie sich Notizen:

▶ Treten die Konzentrationsstörungen vor allem zu bestimmten Situationen oder Uhrzeiten auf?
▶ Bei welchen Gelegenheiten können Sie sich gut konzentrieren?
▶ Können Sie sich besser konzentrieren, wenn Sie allein sind, oder ist es hilfreich, wenn jemand im Raum ist?
▶ Sind die Gelegenheiten, bei denen Sie sich besser konzentrieren können, mit Aufgaben verbunden, die Ihnen mehr liegen und Spaß machen?
▶ Fallen Ihnen Aufgaben ohne Zeitdruck leichter, oder benötigen Sie einen festen Zeitrahmen?

Vielleicht können Sie feststellen, dass es auch bei Ihnen Unterschiede dabei gibt, wie gut Sie sich konzentrieren können. Schaffen Sie für sich günstige äußere Bedingungen. Teilen Sie Ihren Mitmenschen mit, wenn Sie sich überfordert fühlen und mehr Zeit für Ihre Aufgaben benötigen. Es ist meistens nicht sinnvoll, dem äußeren Druck standzuhalten – in der Regel führt das nur zu großer innerer Anspannung und Nervosität und somit wiederum zu einer Leistungsminderung.

Besonders wichtig ist, dass Sie sich über Ihre Ziele klar werden und sich überlegen, welche Konzentrationsleistung Sie erreichen wollen. Natürlich müssen Sie dabei berücksichtigen, dass Sie sich weder unter- noch überfordern.

> **!** Setzen Sie sich ein konkretes Ziel. Einfach nur die Konzentrationsleistung verbessern zu wollen ist ungenau. Sie können dann den Erfolg nicht überprüfen.

Ein Beispiel: Wenn Sie z.B. ein Buch lesen wollen, können Sie sich einen festen Zeitrahmen setzen. Oder Sie legen sich auf eine Seitenanzahl fest. Gelingt es Ihnen gut, Ihr vorgegebenes Pensum einzuhalten, machen Sie trotzdem eine Pause oder hören mit der Aufgabe ganz auf – freuen Sie sich über Ihren Erfolg.

Planen Sie für das nächste Mal eine kleine Steigerung ein. Wenn Sie sich zu viel vorgenommen haben, hören Sie vorzeitig auf. Setzen Sie sich ein neues, kleineres Ziel.

Wichtige Punkte beim Konzentrieren

▶ Orientieren Sie sich nicht an Ihrer Leistungsfähigkeit vor Ihrer Erkrankung, fangen Sie klein an – so können Sie Enttäuschungen vermeiden.
▶ Setzen Sie sich kleine Ziele.
▶ Beschreiben Sie Ihr Ziel genau, um Ihren Erfolg überprüfen zu können.
▶ Machen Sie öfters kleine Pausen.
▶ Schaffen Sie günstige Arbeitsbedingungen.
▶ Belohnen Sie sich, wenn Sie Ihre Aufgabe erledigt haben.
▶ Seien Sie nicht enttäuscht, wenn Sie Ihr Ziel nicht erreicht haben, und schalten Sie einen Gang zurück.

9.5 Depressivität und Gedanken an Selbsttötung

Erklärbare Niedergeschlagenheit. Depressivität ist in der Stabilisierungsphase nach einer akuten psychotischen Erkrankung ein häufig anzutreffendes Symptom. Die Veränderungen, die die Erkrankung mit sich gebracht hat, stellen eine große Belastung dar. Es ist deshalb sehr verständlich, wenn Betroffene eine Phase der Verzweiflung, Niedergeschlagenheit, Hoffnungslosigkeit und ängstlich-resignierender Verstimmungszustände durchleben. Oft haben die Betroffenen durch die Erkrankung ein negatives Selbstbild, sehen die Erkrankung als persönliches Versagen an und bekommen dann Schuldgefühle. Zudem erleben viele Betroffene während der Stabilisierungsphase Misserfolge und Rückschläge. Zusätzlich wird durch die Psychose der Stoffwechsel verändert, so dass körpereigene stimmungsaufhellende Stoffe nicht mehr in ausreichender Menge vorhanden sind.

Hilfe von anderen in Anspruch nehmen. Lang anhaltende depressive Verstimmungszustände müssen sehr ernst genommen werden. Manche Betroffene denken aus lauter Verzweiflung und Hoffnungslosigkeit daran, sich das Leben zu nehmen, und können sich nicht vorstellen, dass die Umstände wieder besser werden können. Diese Hoffnungslosigkeit ist ein Symptom dieses erkrankungsbedingten Zustands und in den allermeisten Fällen nicht Ausdruck einer realistischen Einschätzung der eigenen Zukunft. Gedanken an Selbsttötung sollten für Sie immer ein Zeichen dafür sein, dass Sie Unterstützung benötigen. Wir wünschen Ihnen in einer solchen Situation die Kraft dafür, die Notbremse zu ziehen und umgehend den Sie ambulant betreuenden Psychiater oder eine nahe gelegene Klinik aufzusuchen. Depressivität kann überwunden werden. Oft ist es dafür auch sinnvoll, vorübergehend ein antidepressiv wirksames Medikament einzunehmen. Diese Medikamente sind oft hilfreich dafür, die Stimmung wieder zu verbessern und positive Aktivitäten erneut aufzubauen. Oft geben sie einen Anstoß dafür, dass Ihre eigenen Bemühungen zur Überwindung der Krise wieder greifen können.

! Bei folgenden Anzeichen sollten Sie sich umgehend Hilfe holen:
- ▶ deutliche Abnahme Ihrer Aktivitäten
- ▶ schwere Antriebsstörungen – wenn Sie sich zu gar nichts mehr aufraffen können
- ▶ Gefühle wie tiefe Verzweiflung, Hoffnungslosigkeit, absolute Gleichgültigkeit
- ▶ ausschließlich nur negative Gedanken wie „Alles hat keinen Sinn mehr", „Ich bin nur eine Belastung", „Es wäre besser, wenn ich nicht mehr da wäre", „Ich habe keine Kraft mehr"
- ▶ jegliche Selbsttötungsgedanken – auch wenn Sie keine konkreten Pläne diesbezüglich haben.

Betroffene, die nicht mehr in einer tiefen Depression „stecken", jedoch noch unter Symptomen wie Antriebslosigkeit, Traurigkeit und negativen Gedanken leiden, können durch bestimmte Veränderungen im Handeln und Denken ihre Situation verbessern. Was das heißt, wollen wir jetzt mit Ihnen zusammen erarbeiten. Nehmen Sie sich zunächst etwas Zeit, um die folgenden Fragen zur näheren Beschreibung Ihrer individuellen Beschwerden zu beantworten:

▶ Wie drückt sich Ihre depressive Stimmung aus?
▶ Gibt es Auslöser für Ihre depressive Stimmung? Können Sie an den Auslösern etwas ändern?
▶ Gibt es Situationen, in denen Sie besserer Stimmung sind? Was macht diese Situationen aus? Können Sie günstige Umstände in schwierige Situationen übertragen?
▶ Begleiten negative selbstabwertende Gedanken die schlechte Stimmung?
▶ Was haben Sie bisher ausprobiert, um die Verstimmung zu bewältigen?
▶ Was könnten Sie noch versuchen?

Belastung als häufiger Auslöser. Belastung spielt oft eine zentrale Rolle bei Depressivität. Zu viel Belastung kann ebenso wie zu wenig Aktivität das Gefühl auslösen, gar nichts mehr zu schaffen, für nichts mehr „gut" zu sein. Wenn Sie den Eindruck haben, dass Überforderung und Überlastung ein wesentlicher Grund für Ihre depressiven Gefühle sind, dann sollten Sie versuchen, die Belastungen mit Hilfe der in Kapitel 7 beschriebenen Strategien zu reduzieren.

Im Folgenden möchten wir Ihnen die so genannte 3-Spalten-Technik vorstellen. Diese Methode ist dann besonders gut geeignet, wenn Sie auf unerfreuliche Ereignisse und Belastungen mit starken negativen Gedanken reagieren. Unerfreuliche Ereignisse sind z.B.:

▶ mehr tun, als verlangt wurde, und dafür keine Anerkennung bekommen
▶ Fehler machen bzw. schlechte Leistungen erbringen

- ▶ von jemandem abgelehnt werden
- ▶ kritisiert werden
- ▶ etwas läuft anders, als man es erwartet hat, usw.

Die entlastende Grundidee dabei ist folgende: Nicht das Ereignis an sich löst eine depressive Stimmung aus, sondern die Gedanken, die damit verbunden sind – also die Bewertung des Ereignisses. Somit erscheint es sinnvoll, die eigenen Bewertungen zu hinterfragen und alternative Gedanken zu finden. Diese alternativen Gedanken müssen nicht unbedingt positiv sein – es reicht auch schon aus, eine neutrale Interpretationsmöglichkeit zu finden (s. Tab. 2).

Tabelle 2. Alternative Gedanken (1)

Ereignis/Belastung	Gefühl	bewertender Gedanke
Jemand sagt zu Ihnen: „Das schaffst du nicht."	Scham, Traurigkeit, Unfähigkeit	Ich bin nicht gut. Ich bin zu nichts mehr fähig.

Ereignis/Belastung	alternativer Gedanke	Gefühl
Jemand sagt zu Ihnen: „Das schaffst du nicht."	Er möchte mir nicht zu viel zumuten.	Erleichterung
	Dafür kann ich andere Dinge gut.	Zuversicht
	Später werde ich wieder mehr übernehmen können.	Zuversicht

Und jetzt Sie: Wir haben für Sie entsprechende Arbeitsblätter zu alternativen Gedanken entwickelt (11 und 12 im Anhang; Kopiervorlagen). Mit Arbeitsblatt 11 finden Sie zu Ihren bewertenden Gedanken über ein belastendes Ereignis. Mit Arbeitsblatt 12 spüren Sie einen alternativen Gedanken und ein alternatives Gefühl auf. Üben Sie zuerst an einfachen Situationen. Wir wünsche Ihnen viel Erfolg dabei.

Die Gedanken beeinflussen lernen. Depressive Verstimmungen beruhen oft auf so genannten „automatischen negativen Gedanken", die in bestimmten Situationen immer wieder vorkommen. Die Veränderung der negativen Gedanken zu neutralen bzw. positiven Gedanken über die eigene Person, die Umwelt und die Zukunft kann sich positiv auf die Stimmung auswirken.

Beobachten Sie in den nächsten Tagen Ihre eigenen negativen Gedanken. Folgende automatische negative Gedanken kommen recht häufig vor:

► Ich bin durcheinander.
► Ich bin an allem schuld.
► Das bringt doch alles nichts.
► Ich kann meine Gefühle nie ausdrücken.
► Ich habe nicht genug Willenskraft.
► Ich fürchte mich.
► Ich werde nie mehr gesund.
► Mein Leben ist sinnlos.

Im Folgenden finden Sie einige Beispiele, wie alternative Gedanken aussehen können. Fallen Ihnen noch weitere dazu ein?

Tabelle 3. Alternative Gedanken (2)

Negativer Gedanke	Neutraler/positiver Gedanke
Ich bin durcheinander.	Im Moment bin ich durcheinander, das geht wieder vorbei. Auch andere sind manchmal durcheinander. Es gibt Zeiten, in denen ich klarer denken kann.
Ich bin an allem schuld.	Ich bin nicht für alles verantwortlich. Wenn was schief läuft, gehören immer mehrere dazu. Für bestimmte Dinge übernehme ich die Verantwortung, für andere nicht. Aus meinen Fehlern kann ich lernen.
Das bringt doch alles nichts.	Es gibt auch Dinge, die gut sind, z.B. … Manche Dinge sind gut, andere schlecht. Später werde ich etwas davon haben.
Ich kann meine Gefühle nie ausdrücken.	Manchmal kann ich Gefühle empfinden. Meine Traurigkeit ist ein Ausdruck von Gefühl. Meine Gefühle werden wiederkommen. Im Moment schütze ich mich vor zu viel Gefühl.

Meist geht es also darum, den Gedanken zu relativieren und keine Verallgemeinerungen zu treffen. Auch hierzu können Sie mit Hilfe von Arbeitsblatt 13 im Anhang selbst üben.

Und jetzt Sie: Notieren Sie sich Ihre Gedanken bei einer negativen Stimmung. Überlegen Sie im nächsten Schritt, welche alternativen, neutralen Gedanken Sie auch haben könnten.

Positive automatische Gedanken kommen nicht von allein. Damit die positiven Gedanken gegenüber den negativen Gedanken eine Chance haben, muss man sie, wie Vokabeln, lernen. Dazu empfehlen wir Ihnen, eine Zeit lang (ca. drei Wochen) jeden Tag Ihre positiven Gedanken zu lesen (am besten laut). Versuchen Sie dann im nächsten Schritt, jedem negativen Gedanken sofort einen neutralen oder besser einen positiven Gedanken entgegenzusetzen.

9.6 Halluzinationen

Bei einigen Betroffenen bleiben trotz ausreichender medikamentöser Behandlung Halluzinationen, z.b. in Form von Stimmenhören, weiter bestehen. Die nachfolgend beschriebene Strategie kann Ihnen helfen, wenn Sie erkannt haben, dass Stimmenhören als Symptom der Erkrankung auftreten kann. Unser Gehirn ist in der Lage, auch ohne äußere Reize intensive Bilder und Vorstellungen hervorzurufen. Dies geschieht z.b. dann, wenn wir träumen. Die Stärke dieser Bilder ist vom Vorstellungsvermögen des Einzelnen abhängig. Oft wird Denken auch als „inneres Sprechen", welches individuell unterschiedlich stark „gehört" wird, bezeichnet.

Es muss daher eine Unterscheidung von inneren und äußeren Reizen erfolgen. Halluzinationen können nur von den Betroffenen selbst wahrgenommen werden. Sie sind also Produkte des eigenen Gehirns.

Oft tritt dieses Symptom in oder nach Überforderungssituationen auf. Manche Betroffene berichten auch, dass sie vermehrt Stimmen hören, wenn sie allein sind, wenn also keine Ablenkung vorhanden ist. Wir möchten Sie anregen, die Situationen, in denn Sie unter Halluzinationen leiden, näher anzuschauen. Wenn Sie Auslöser erkennen können, ist es Ihnen besser möglich, das Symptom zu kontrollieren. Manchmal lassen sich keine konkreten Auslöser für das Auftreten der Halluzinationen finden; in diesem Fall können Sie Ihre individuellen Ablenkungsstrategien suchen und dann gezielt einsetzen (s. unten „Ablenkungsstrategien").

Und jetzt Sie: Halluzinationen können auf Belastungen folgen. Bitte beobachten Sie deshalb, in welcher Situation die Halluzinationen auftreten. Machen Sie sich Notizen. Wenn die Halluzinationen nur in bestimmten Situationen auftreten, überlegen Sie, ob Sie an der Situation etwas verändern können. Oft reicht es, nur eine kleine Veränderung vorzunehmen. Probieren Sie es einfach mal aus.

Halluzinationen können negative Gedanken nach sich ziehen.
Welche Gedanken haben Sie über die Stimmen, die Sie hören? Machen die Stimmen Ihnen Angst? Oder sind Sie über die Stimmen verärgert? Oft treten infolge der Halluzinationen so genannte automatische Gedanken auf, wie „Ich bin den Stimmen ausgeliefert", „Die Stimmen stören mich, sie sollen aufhören", „Mist, jetzt habe ich schon wieder so was". Diese Gedanken führen zu innerer Anspannung und Gefühlen wie Angst oder Ärger. Sie können nun aktiv versuchen, gegen diese automatischen Gedanken etwas zu tun, indem Sie Gegengedanken dazu entwickeln und diese beim Auftreten der Halluzinationen gezielt einsetzen. Vielleicht können Ihnen folgende Sätze helfen – fallen Ihnen noch weitere Gegengedanken ein, notieren Sie diese bitte gleich:

▶ Die Stimmen kommen, und sie gehen auch wieder.
▶ Es ist mir egal, ob sie lauter oder leiser werden.
▶ Ich lasse mich von den Stimmen nicht zu sehr stören.
▶ Ich konzentriere mich jetzt auf etwas anderes.
▶ Mir kann nichts passieren, die Stimmen sind nicht real, sie haben keinen Einfluss auf mein Handeln.
▶ Es geht wieder vorbei.

Ablenkungsstrategien. Manche Betroffene berichten, dass es ihnen hilft, sich auf etwas anderes zu konzentrieren. Andere wiederum nehmen sich eine kurze Auszeit und versuchen, Ruhe zu finden und sich zu entspannen. Finden Sie Ihre eigene, für Sie geeignete Ablenkungsstrategie heraus. Es ist sinnvoll, hier sehr systematisch vorzugehen. Versuchen Sie, jeweils nur eine einzige Ablenkungsstrategie anzuwenden und herauszufinden, in welcher Situation sie Ihnen hilft. Versuchen Sie erst danach eine andere Strategie. Welche Ablenkungsstrategie haben Sie schon ausprobiert?

► Lesen
► Musik hören (mal mit Kopfhörer, mal ohne)
► Gespräche
► sich die Umgebung genau anschauen
► Pausen mit entspannenden Aktivitäten etc.

Suchen Sie sich jetzt lediglich die Strategie heraus, die Ihnen am besten gefällt, und setzen Sie sie in der nächsten Zeit ein. Hat die Strategie etwas geholfen, dann behalten Sie sie noch einige Zeit bei. Übung macht den Meister. Hilft sie nicht, schauen Sie auf Ihrer Ideenliste nach, was Sie noch ausprobieren können.

> **!** Es ist sinnvoll, immer nur *eine* Veränderung herbeizuführen. Sie haben dann die Kontrolle darüber, was Ihnen geholfen hat.

Manchmal lassen sich Halluzinationen nicht beeinflussen. Trotzdem können Sie sich fragen, ob es nicht möglich ist, sich trotzdem auf Ihre Aufgaben und Aktivitäten zu konzentrieren. Auch dies können Sie nur durch Ausprobieren herausfinden. Betroffene berichten, dass es durchaus möglich ist, die eine oder andere Tätigkeit auch trotz der Halluzinationen durchführen zu können.

9.7 Misstrauen und Befürchtungen

Das Gefühl, verfolgt, beobachtet oder sogar bedroht zu werden, kann auch nach dem Abklingen einer akuten Psychose immer wieder einmal auftreten oder auch in leichter Form anhaltend zu Beeinträchtigungen führen. Manchmal ist dieses Gefühl an bestimmte Personen gebunden oder tritt nur in bestimmten Situationen auf.

Der Eindruck, dass andere über einen sprechen oder einem etwas Böses wollen, würde bei den meisten Menschen Besorgnis oder Ängste auslösen. Menschen, die nicht an einer Psychose erkrankt sind, sind jedoch meist in der Lage, solche Gedanken in Frage zu stellen und alternative Möglichkeiten für ihre Wahrnehmung in Betracht zu ziehen. Entscheidend ist also einerseits, inwieweit man von der Richtigkeit seiner Wahrnehmung überzeugt ist, und andererseits, wie sehr man bereit und in der Lage ist, nach alternativen Erklärungen für die eigenen Beobachtungen zu suchen.

Und jetzt Sie: Stellen Sie sich bitte zuerst die Frage, ob Sie bereit sind, über Ihre Überzeugungen nachzudenken. Falls nicht, ist das folgende Vorgehen für Sie weniger geeignet.

Falls Sie über Ihre Überzeugungen nachdenken wollen, möchten wir Sie einladen, Ihre Überzeugungen auf den Prüfstand zu stellen und kritisch anzuschauen. Bitte überlegen Sie:

► Was genau macht Sie misstrauisch? Wie oft? Welche Personen sind beteiligt? Welche Beobachtungen liegen Ihren Befürchtungen zugrunde?
► Haben Sie schon einmal über andere Erklärungen für Ihre Beobachtungen nachgedacht? Könnten Ihre Beobachtungen von einem guten Freund anders verstanden werden?
► Hätten Sie Ihre Beobachtungen früher in einem anderen Licht gesehen?

Nehmen Sie sich Zeit für die Suche nach anderen Gründen für Ihre Beobachtungen, auch wenn diese Ihnen nicht so überzeugend erscheinen! Sammeln Sie alle alternativen Möglichkeiten! Trauen Sie sich, eine Vertrauensperson zu fragen, welche zusätzlichen Erklärungen es für Ihre Beobachtung geben könnte! Hierbei soll es nicht darum gehen, wer Recht hat. Wahrnehmungen und vor allem deren Beurteilung sind von Person zu Person und von Situation zu Situation unterschiedlich. Vielleicht konnten Sie jedoch schon einmal feststellen, dass Sie gleiche Situationen, abhängig von Ihrer momentanen Verfassung (Müdigkeit, Überlastung, Angst, Ärger usw.), auch schon unterschiedlich bewertet haben.

Im nächsten Schritt fragen Sie sich bitte, welche Ihrer Aktivitäten beeinträchtigt sind. Sind Sie aufgrund Ihrer Überzeugungen bzw. Befürchtungen bei Aktivitäten eingeschränkt? Tun Sie Dinge nicht, die Sie ansonsten getan hätten? Was könnte Ihnen helfen, um Ihren Interessen nachzugehen?

> **!** Lassen Sie sich in Ihrer persönlichen Zielsetzung nicht beirren. Richten Sie den Blick nach vorn. Halten Sie sich stets Ihr Ziel vor Augen. Vielleicht hilft es Ihnen ja, anfangs nur solche Personen in Ihre Aktivitäten einzubeziehen, denen Sie vertrauen.

Daran anschließend stellt sich die Frage, welche Ihrer Aktivitäten nicht beeinträchtigt sind. Was unterscheidet die Aktivitäten? Warum können Sie bei der einen Aktivität alles tun und bei der anderen nicht? Ist es Ihnen möglich, die Bedingungen zu benennen, die den Unterschied ausmachen?

> **!** Gehen Sie das Risiko ein, anderen zu vertrauen. Geben Sie einen Vertrauensvorschuss. Überprüfen Sie bei Misstrauen selbst, ob auch andere Schlussfolgerungen möglich sind.

9.8   Abgrenzungsprobleme

Manche Betroffene äußern die Befürchtung, andere Menschen könnten ihre Gedanken lesen. Sie fühlen sich dann oft schutzlos und ausgeliefert. Diese Befürchtung ist die Kehrseite eines alltäglichen Sachverhalts. Menschen, die sich gut kennen, meinen oft zu wissen, wie der andere fühlt und was er denkt. Dies hat mit Erfahrungen, die wir in der Vergangenheit mit diesen Menschen gemacht haben, zu tun. Aber auch bei fremden Menschen glauben wir, anhand des Gesichtsausdrucks oder der Mimik bestimmte Dinge „ablesen" zu können. Lächelt jemand, dann denken wir, er sei froh und stehe uns positiv gegenüber. Schaut jemand grimmig, schlussfolgern wir daraus, dass er verärgert ist und uns ablehnt. Genau genommen ziehen wir dabei voreilige Schlussfolgerungen.

Eine solche vorschnelle Schlussfolgerung liegt auch der oben genannten Befürchtung zugrunde, dass andere die eigenen Gedanken lesen könnten. Und je sensibler man im Augenblick ist und je mehr die eigene Lebenssituation zur Verunsicherung beiträgt, desto mehr kann man die Befürchtung haben, für andere Menschen wie ein „offenes Buch" zu sein.

Und jetzt Sie: Bitte überlegen Sie einmal ganz kritisch: Gibt es wirklich eine Möglichkeit, Kenntnis über die Gedanken anderer zu erlangen? Wie sollen Gedanken, die ja unser Gehirn hervorbringt, für andere zugänglich sein? Wie sollte die „Übertragung" funktionieren? Ist es nicht viel einleuchtender, davon auszugehen, dass Gedanken nur uns selber gehören?

Stellen Sie sich vor, Sie sitzen mit mehreren Personen in einem Zimmer, das Fenster ist offen, Ihnen ist kalt und Sie denken: „Ich friere und möchte, dass das Fenster geschlossen wird." Im selben Moment steht jemand auf und schließt das Fenster. Konnte der andere Ihre Gedanken lesen, oder war ihm vielleicht auch kalt, und er war nur etwas schneller als Sie? Fällt Ihnen noch ein weiteres Beispiel dazu ein?

Ist nicht die folgende Überlegung viel sinnvoller? Der Grund für die Befürchtung, andere könnten die eigenen Gedanken lesen, liegt in der eigenen großen Verunsicherung anderer Menschen gegenüber. Niemand kann Gedanken lesen, aber unsere eigenen Befürchtungen können so groß werden, dass wir anderen Menschen Dinge zutrauen, die gar nicht möglich sind. Folgende Überlegungen können Ihnen helfen, sich von anderen abzugrenzen:

► In welcher Situation, gegenüber welchen Personen fühlen Sie sich derart beeinflusst, schutzlos etc.?
► Welche Ihrer Gedanken liegen offen?
► Was befürchten Sie? Was könnte passieren?
► Was tun Sie in einer solchen Situation?
► Welche Vorstellungen haben Sie davon, auf welche Weise andere Menschen Ihre Gedanken lesen können?
► Woran erkennen Sie, dass andere Ihre Gedanken lesen können?
► Was kann Ihnen helfen?
► Was wollen Sie ausprobieren?

Die hier angesprochenen Befürchtungen sollten Sie mit Menschen besprechen, denen Sie vertrauen. Das könnte Ihnen helfen, sich nicht in Sorgen zu verlieren, sondern zu sortieren, welche Befürchtungen begründet und welche unnötig sind.

9.9 Gesteigerter Antrieb

Ein gesteigerter Antrieb, gesteigerte Anspannung und Unruhe treten oft bei Betroffenen auf, die wenig unter den Minus-Symptomen leiden. Sie zeigen sich aber auch bei Menschen, bei denen sich die Phasen von gesteigertem und vermindertem Antrieb abwechseln. Das Hauptproblem des gesteigerten Antriebs ist, dass die Betroffenen kaum mehr zur Ruhe kommen. Sie sind dann nicht in der Lage, sich zu entspannen. Dadurch wird die Belastbarkeit deutlich reduziert, was wiederum zu noch mehr Anspannung und Unruhe führt.

Wir gehen jetzt einmal davon aus, dass Sie erkannt haben, dass Ihr gesteigerter Antrieb nicht gut für Sie ist. Wenn Sie mit diesem Symptom erfolgreich umgehen können, sind Sie wieder einen ganzen Schritt weiter in der Bewältigung Ihrer Erkrankung.

Bitte überlegen Sie jetzt, wie die übermäßige Aktivität zu beschreiben ist und was Ihnen helfen kann.

▶ In welchen Situationen sind Sie unruhig und angespannt?
▶ Welche Gedanken und Gefühle haben Sie in einer solchen Situation?
▶ Gibt es Situationen, in denen Sie etwas ruhiger sind?
▶ Was hat Ihnen schon geholfen, ruhiger zu werden?
▶ Was könnte Ihnen noch helfen?
▶ Was wollen Sie ausprobieren?

Oft hat die Unruhe auch mit einem äußeren Druck, dem Sie ausgesetzt sind, zu tun. Vielleicht setzen Sie sich selbst unter Druck, indem Sie zu hohe Erwartungen an sich selbst haben. Die Tagesstruktur ist häufig entscheidend für die eigene Ausgeglichenheit. Sind Sie zu vielen Reizen ausgesetzt, die Sie nervös und unruhig machen? Gibt es Gedanken, die Sie aufwühlen? Wir möchten Sie einladen, diese Aspekte zu überdenken. Lesen Sie auch noch einmal in Kapitel 7 nach, in dem es darum geht, Anforderungen und Belastungen zu reduzieren. Mögliche Maßnahmen zur Normalisierung des Antriebs sind u.a.:

▶ Entspannungsübungen machen
▶ körperlich aktiv sein
▶ auf einen regelmäßigen Tagesablauf achten
▶ vorübergehend beruhigende Medikamente einnehmen.

10 Wie Sie weitere Unterstützung finden

Sie haben jetzt lange durchgehalten und viele Aspekte mit Hilfe des Buches selbst erarbeitet. Dazu möchten wir Ihnen erst einmal unsere Anerkennung aussprechen. Wir wissen aus vielen Gesprächen mit Betroffenen und Angehörigen, wie schwierig es ist, über eine längere Strecke bei der Sache zu bleiben, sich den Herausforderungen zu stellen und einen guten Weg zu finden. Sie sind, so hoffen wir, auf diesem Weg ein gutes Stück vorangekommen.

Wie eingangs gesagt, haben wir das Buch als Begleiter für Sie geschrieben. Wir hoffen, dass es jetzt nicht tief im Bücherregal verschwindet, sondern dass Sie es gelegentlich zur Hand nehmen und die eine oder andere Anregung aufgreifen.

Möglicherweise ist Ihnen jedoch aber auch der Gedanke gekommen, dass die Arbeit mit dem Buch allein für Sie nicht der beste Weg ist. Sollten Sie Interesse haben, sich intensiver mit den angesprochenen Fragen zu beschäftigen, so wollen wir Ihnen hier Anregungen dafür geben, an welchen Stellen dies sinnvoll sein kann.

10.1 Hinweise für Betroffene

Die Inhalte, die wir in diesem Buch vorgestellt haben, decken sich weitgehend mit dem, was Sie auch in einer kognitiv-verhaltenstherapeutisch orientierten Psychotherapie bei einem ärztlichen oder psychologischen Psychotherapeuten erarbeiten würden. Der große Vorteil in einer Psychotherapie ist, dass alle Inhalte genau auf Ihre persönliche Situation zugeschnitten werden können. Wenn Sie also den Eindruck hatten, dass Sie von den hier angesprochenen Themen und Anregungen profitieren konnten, wäre es sehr sinnvoll, dies im Gespräch mit einem Psychotherapeuten zu vertiefen.

Psychotherapie. Grundsätzlich gilt, dass Ihr behandelnder Psychiater der Ansprechpartner für alle Fragen der Behandlung ist. Hier können Sie sich jederzeit Rat für die optimale Gestaltung Ihrer Behandlung holen. Wenn Sie also den Wunsch haben, die hier angesprochenen Fragen in einer Psychotherapie zu vertiefen, möchten wir Ihnen vorschlagen, Ihren Psychiater danach zu fragen, ob es in Ihrer Region ärztliche oder psychologische Psychotherapeuten gibt, die auf dem Gebiet der Behandlung von psychotischen Erkrankungen erfahren sind und solche verhaltenstherapeutischen Behandlungen anbieten. Obwohl viele Psychotherapeuten ambulant tätig sind, ist es trotzdem gar nicht leicht, zum gewünschten Zeitpunkt einen entsprechend erfahrenen Psychotherapeuten mit einem freien Behandlungsplatz zu finden. Neben Ihrem Psychiater können Sie immer auch Ihre Krankenkasse nach einer Liste von Psychotherapeuten fragen, bei denen die Behandlung durch die Krankenkasse finanziert wird. Wenn eine psychotische Erkrankung vorliegt, dürfte in der Regel keine Schwierigkeit auftreten, die Behandlung nach dem hier beschriebenen Vorgehen von der Krankenkasse bewilligt zu bekommen.

Soziale Unterstützung. Auch wenn Sie den Wunsch haben, im sozialen Bereich mehr Unterstützung zu bekommen, ist Ihr Psychiater der wichtigste Ansprechpartner. Er kennt die zuständigen Stellen und Kontaktpersonen und kann Ihnen diesbezüglich weiterhelfen.

Angebote prüfen. Darüber hinaus nennen wir Ihnen in Kapitel 10.3 – ohne Anspruch auf Vollständigkeit – einige Anschriften und Kontaktstellen, deren Informations- und Kontaktangebot Sie bei Bedarf nutzen können. Bei allen Informationsangeboten sollten Sie jedoch Folgendes berücksichtigen: Es besteht eine überaus große Vielfalt der Meinungen und Ansichten zu psychischen Erkrankungen. Dies liegt einerseits an dem beschriebenen ungenügenden Wissensstand zur Verursachung sowie an ganz unterschiedlichen Erfahrungen im Rahmen der Behandlung. Sie sollten jede Informationsquelle auch dahin gehend anschauen, welche Interessen dort verfolgt werden und auf welchem Hintergrund die Informationen angeboten werden. Dies kann Ihnen helfen, Ihre eigenen Ansichten zu bestätigen oder zu korrigieren. Zum Schluss wünschen wir Ihnen alles Gute und viel Stabilität auf Ihrem weiteren Weg.

10.2 Hinweise für Angehörige

Wir haben viele Angehörige kennen gelernt, die von einer regelmäßigen Teilnahme an einer Angehörigengruppe sehr profitiert haben und zunehmend sicher mit den teilweise sehr schwierigen Fragen des Zusammenlebens mit einem psychotisch erkrankten Familienmitglied wurden. Wir hatten schon mehrfach angesprochen, dass wir Ihnen empfehlen, sich einer Angehörigengruppe anzuschließen, um dort die hier angesprochenen Fragen im direkten Gespräch mit Gleichbetroffenen diskutieren zu können. Wir würden es begrüßen, wenn Sie die Lektüre des Buches motivieren würde, mit der Angehörigengruppe in Ihrer Nähe Kontakt aufzunehmen.

Angehörigengruppen. Um Ihnen diesen Weg zu erleichtern, haben wir nachstehend die Adressen des Bundesverbandes und der Landesverbände der Angehörigen psychisch Kranker aufgeführt. Bei den dort genannten Kontaktstellen können Sie Informationen darüber erhalten, wo die für Sie nächste Angehörigengruppe zu finden ist.

Politisch sichtbar werden. Es ist aus unserer Sicht auch sehr wichtig, dass die Angehörigen sich zunehmend besser organisieren und in der gesundheitspolitischen Diskussion zunehmend präsent sind. Die aktuellen Kürzungen der Ausgaben im Gesundheitswesen bedeuten immer auch eine höhere Belastung der Angehörigen. Es liegt auch in Ihrem Interesse, deutlich zu machen, wie groß der notwendige Betreuungsaufwand ist und dass eine gute Behandlung nicht nur dem Betroffenen zugute kommt, sondern auch seinem Umfeld, also Ihnen als Angehörigen.

Zum Schluss wünschen wir Ihnen die Kraft, Ihr erkranktes Familienmitglied auch weiterhin aktiv zu unterstützen, und den Mut, Ihre eigenen Bedürfnisse dabei nicht zu vergessen.

10.3 Anschriften für Betroffene

Bundesverband Psychiatrie-Erfahrener e.V.
Wittener Str. 47, D-44789 Bochum
Tel. Geschäftsstelle und Erstkontakt: 0049 (0) 2 34 / 68 70 5552
Tel. Psychopharmakaberatung: 0049 (0) 2 34 / 640 51 02
Fax: 02 34 / 640 51 03
E-Mail: Kontakt-info@bpe-online.de
Vorstand@bpe-online.de
Beratung@bpe-online.de
Psychopharmakaberatung E-Mail: Matthias.Seibt@psychiatrie-erfahrene-nrw.de

Geschäftsstelle Aktion Psychisch Kranke (APK) e.V.
Brungsgasse 4 – 6, D-53117 Bonn
Tel.: 0049 (0) 228 / 67 67 40 oder 67 67 41, Fax: 0049 (0) 228 / 67 67 42
E-Mail: apk@psychiatrie.de, Internet: www.psychiatrie.de

Irrsinnig Menschlich e.V., Verein für Öffentlichkeitsarbeit in der Psychiatrie
Johannisallee 20, D-04317 Leipzig
Tel.: 0049 (0) 341 / 2 22 89 90, Fax: 0049 (0) 341 / 2 22 89 92
E-Mail: info@irrsinnig-menschlich.de

Kompetenznetz Schizophrenie
Klinik und Poliklinik für Psychiatrie und Psychotherapie der
Heinrich-Heine-Universität Düsseldorf
Tel.: 0049 (0) 211 / 9 22 27 70, Fax: 0049 (0) 211 / 9 22 27 80
E-Mail: kompetenznetz.schizophrenie@uni-duesseldorf.de, Internet:
www.kompetenznetz-schizophrenie.de

Pro Mente Sana
Hardturmstrasse 261, CH-8031 Zürich
Tel.: 0041 (0) 44 563 86 00
E-Mail: kontakt@promentesana.ch, Internet: www.promentesana.ch

Pro Mente Wien, Gesellschaft für pschische und soziale Gesundheit
Grüngasse 1 a, A-1040 Wien
Tel.: 0043 (0) 1 513 15 30, Fax: 0043 (0) 1 513 15 30 / 350
E-Mail: office@promente-wien.at, Internet: www.promente-wien.at

10.4 Anschriften für Angehörige

Familienselbsthilfe Psychiatrie
Bundesverband der Angehörigen psychisch Kranker e.V.
Thomas-Mann-Str. 49 a, D-53111 Bonn
Tel.: 0049 (0) 228 / 63 26 46, Fax: 0049 (0) 228 / 65 80 63
E-Mail: bapk@psychiatrie.de, Internet: www.bapk.de

Landesverband Baden-Württemberg der Angehörigen psychisch Kranker e.V.,
Geschäftsstelle
Hebelstraße 7, D-76448 Durmersheim
Tel.: 0049 (0) 72 45 / 91 66 15, Fax: 0049 (0) 72 45 / 91 66 47
E-Mail: lvbwapk@t-online.de, Internet: www.lvbwapk.de

Landesverband Bayern der Angehörigen psychisch Kranker e.V.,
Geschäftsstelle
Pappenheimstraße 7, D-80335 München
Tel.: 0049 (0) 89 / 51 08 63 25, Fax: 0049 (0) 89 / 51 08 63 28
E-Mail: lvbayern_apk@t-online.de, Internet: www.lvbayern-apk.de

Landesverband Berlin der Angehörigen psychisch Kranker e.V., Geschäftsstelle
Mannheimer Str. 32, D-10713 Berlin
Tel.: 0049 (0) 30 / 86 39 57 01, Fax: 0049 (0) 30 / 86 39 57 02
E-Mail: info@ang-psych-kr.de, Internet: www.ang-psych-kr.de

Landesverband Brandenburg der Angehörigen psychisch Kranker e.V.
Kastanienweg 18, D-14641 Nauen
Tel.: 0049 (0) 33 21 / 74 58 96, Fax: 0049 (0) 33 21 / 74 57 81
E-Mail: meynersen@lapk-brandenburg.de, Internet:
www.lapk-brandenburg.de

Landesverband Hamburg der Angehörigen psychisch Kranker e.V.,
Geschäftsstelle
Postfach 71 01 21, D-22161 Hamburg
Tel.: 0049 (0) 40 / 65 05 54 93, Fax: 0049 (0) 40 / 65 05 54 93
E-Mail: lapkhh@onlinehome.de

Landesverband Hessen der Angehörigen psychisch Kranker e.V.,
Geschäftsstelle
Bettinastraße 77, D-63067 Offenbach
Tel.: 0049 (0) 69 / 81 12 55, Fax: 0049 (0) 69 / 81 12 53

Landesverband Mecklenburg-Vorpommern der Angehörigen und Freunde
psychisch Kranker e.V., Geschäftsstelle
Henrik-Ibsen-Straße 20, D-18106 Rostock (Evershagen)
Tel.: 0049 (0) 3 81 / 72 20 25, Fax: 0049 (0) 3 81 / 72 20 25
E-Mail: vorstand@lichtblick-newsletter.de, Internet:
www.lichtblick-newsletter.de

Arbeitsgemeinschaft der Angehörigen psychisch Kranker in Niedersachsen
und Bremen e.V. (AANB), Geschäftsstelle
Wedekindplatz 3, D-30161 Hannover
Tel.: 0049 (0) 5 11 / 62 26 76, Fax: 0049 (0) 5 11 / 62 49 77
E-Mail: info@aanb.de, Internet: www.aanb.de

Landesverband Nordrhein-Westfalen des Angehörigen psychisch Kranker e.V.,
Geschäftsstelle
Graelstraße 35, D-48153 Münster
Tel.: 0049 (0) 2 51 / 5 20 95 22, Fax: 0049 (0) 2 51 / 5 20 95 23
E-Mail: angehoerige-lv-nrw@t-online.de, Internet: lv-nrw-apk.de

Landesverband der Angehörigen psychisch Kranker in Rheinland-Pfalz e.V.
c/o Monika Zindorf
Postfach 30 01, D-55020 Mainz
Tel.: 0049 (0) 61 31 / 5 39 72 (AB), Fax: 0049 (0) 61 31 / 55 71 28
E-Mail: h.w.zindorf@t-online.de

Landesverband Saarland der Angehörigen psychisch Kranker e.V.
c/o Irma Klein
Königsberger Straße 42, D-66121 Saarbrücken
Tel.: 0049 (0) 6 81 / 83 16 82, Fax: 0049 (0) 6 81 / 83 16 82

Landesverband der Angehörigen psychisch Kranker in Sachsen e.V.,
Geschäftsstelle
Lützner Straße 75, D-04177 Leipzig
Tel.: 0049 (0) 3 41 / 9 12 83 17, Fax: 0049 (0) 3 41 / 4 78 58 99
E-Mail: wege-leipzig@t-online.de, Internet: www.lvapk-sachsen.de

Landesverband Sachsen-Anhalt der Angehörigen psychisch Kranker e.V.,
Geschäftsstelle
Taubenstraße 4, D-06110 Halle (Saale)
Tel.: 0049 (0) 3 45 / 6 86 73 60, Fax: 0049 (0) 3 45 / 6 86 73 60
E-Mail: apk-lv@freenet.de

Landesverband Schleswig-Holstein der Angehörigen und Freunde psychisch
Kranker e.V.
c/o Ernst Maß
Dorfstraße 3, D-23617 Stockendorf
Tel.: 0049 (0) 4 51 / 4 98 89 29, Fax: 0049 (0) 4 51 / 4 99 43 36

Landesverband Thüringen der Angehörigen psychisch Kranker e.V.,
Geschäftsstelle
Bahnhofstraße 1a, D-07641 Stadtroda
Tel.: 0049 (0) 3 64 28 / 5 62 18, Fax: 0049 (0) 3 64 28 / 5 62 18
E-Mail: irenenorberger@arcoemail.de

Darüber hinaus möchten wir Sie auf das Informationsangebot
des Kompetenznetz Schizophrenie hinweisen. Dies ist ein vom
Bundesministerium für Bildung und Forschung geförderter For-
schungsverbund, der ein Informationsangebot und eine Telefon-
Hotline unterhält.

Kompetenznetz Schizophrenie
Klinik und Poliklinik für Psychiatrie und Psychotherapie der
Heinrich-Heine-Universität Düsseldorf
Tel.: 0049 (0) 2 11 / 9 22 27 70, Fax: 0049 (0) 2 11 / 9 22 27 80
E-Mail: kompetenznetz.schizophrenie@uni-duesseldorf.de, Internet:
www.kompetenznetz-schizophrenie.de

VASK Schweiz – Vereinigung der Angehörigen von Schizophreniekranken
Postfach 747, CH-6015 Reussbühl
Tel.: 0041 / 250 250 82
E-Mail: info @vask.ch, Internet: www.vask.ch

HPE-Hilfe für Angehörige Psychisch Erkrankter
Bernardgasse 36/4/14, A-1070 Wien
Tel.: 0043 (0) 1 / 526 42 02, Fax: 0043 (0) 1 / 526 42 02 - 20
E-Mail: hpe-oesterreich@inode.at

Österreichische Schizopreniegesellschaft
Postfach 112, A-1070 Wien
E-Mail: oesg@uibk.ac.at, Internet: oesg.uibk.ac.at

Auskunft zu anderen euroäischen Ländern:
EUFAMI, Euroäische Dachorganisation von Angehörigen psychisch Kranker
E-Makil: facilitator@eufami.org, Internet: www.eufami.org

Anhang

Arbeitsblätter

Wenn Sie noch weitere Erläuterungen zu den Arbeitsblättern wünschen, dann schauen Sie doch bitte auf den hier aufgelisteten Seiten im Buch nach.

Arbeitsblatt 1	Tagebuch

Datum							
Wochentag	Montag	Dienstag	Mittwoch	Donnerstag	Freitag	Samstag	Sonntag
Ereignisse							
Belastungen							
Symptome							
Befindlichkeit							
sehr gut	7	7	7	7	7	7	7
gut	6	6	6	6	6	6	6
eher gut	5	5	5	5	5	5	5
mittel	4	4	4	4	4	4	4
eher schlecht	3	3	3	3	3	3	3
schlecht	2	2	2	2	2	2	2
sehr schlecht	1	1	1	1	1	1	1
Medikamente	Bitte Tagesdosis eintragen						
1.							
2.							
3.							
4.							
Nebenwirkungen	Bitte Stärke der Nebenwirkungen einschätzen (1 = leicht, 2 = mittel, 3 = stark)						
1.	1 2 3	1 2 3	1 2 3	1 2 3	1 2 3	1 2 3	1 2 3
2.	1 2 3	1 2 3	1 2 3	1 2 3	1 2 3	1 2 3	1 2 3
3.	1 2 3	1 2 3	1 2 3	1 2 3	1 2 3	1 2 3	1 2 3

Frühsymptome

Die folgenden Frühsymptome sind meine persönlichen Warnzeichen:

1. _____

2. _____

3. _____

4. _____

5. _____

Handlungsschritte

Wenn ich eines dieser Frühsymptome bemerke, werde ich Folgendes tun:

Ich spreche über diese Frühsymptome mit (Name, Anschrift, Telefon):

1. _____

2. _____

Zusätzliche Entlastung kann ich erreichen durch:

1. _____

2. _____

3. _____

Die Medikation werde ich folgendermaßen verändern:

1. _____

2. _____

(Absprachen mit dem Psychiater hier eintragen)

Sonstige Maßnahmen:

_____

_____

© Klingberg, Mayenberger, Blaumann: Schizophren? Beltz PVU, 2005

Frühsymptome, die ich bei meinem Angehörigen beobachtet habe:

Die folgenden Frühsymptome sind meine persönlichen Warnzeichen:

1. _____

2. _____

3. _____

4. _____

5. _____

Handlungsschritte

Wenn ich eines dieser Frühsymptome bemerke, werde ich Folgendes tun:

Ich spreche über meine Beobachtungen mit:

1. _____

2. _____

(Name, Anschrift, Telefon)

Zusätzlich kann ich meinen Angehörigen unterstützen, indem ich:

1. _____

2. _____

3. _____

In Bezug auf die Medikation kann ich helfen, indem ich:

1. _____

2. _____

Sonstige Maßnahmen:

_____

_____

© Klingberg, Mayenberger, Blaumann: Schizophren? Beltz PVU, 2005

Arbeitsblatt 4 | Meine Belastungsliste

Bitte notieren Sie hier, welchen Belastungen Sie derzeit ausgesetzt sind oder welche Belastungen auf Sie in naher Zukunft zukommen. Dieses Arbeitsblatt ist dafür gedacht, einen Überblick über Ihre Situation zu bekommen. Sie können und sollten auch dann etwas notieren, wenn Sie noch nicht sicher sind, ob es „richtig" ist.

▶ Am Arbeitsplatz oder in der Ausbildung

_____

_____

_____

▶ In der Familie

_____

_____

▶ In der Wohnung

_____

_____

▶ In der Freizeit

_____

_____

▶ _____

▶ _____

▶ Arbeit/Ausbildung?

_____

_____

_____

_____

▶ Soziale Beziehungen?

_____

_____

_____

_____

▶ Freizeitgestaltung?

_____

_____

_____

_____

▶ Allgemeine Lebensführung?

_____

_____

_____

_____

Persönliche Belastungsliste – geordnet nach Wichtigkeit

Auf diesem Blatt können die bisherigen Beobachtungen zusammengefasst werden. Sie haben jetzt einige Wochen darauf geachtet, welchen Belastungen Sie ausgesetzt sind. Nun geht es darum, dies insgesamt anzuschauen und zu bewerten. Bitte notieren Sie jetzt die wichtigsten Belastungsfaktoren (bitte nicht mehr als fünf).

1. _____

   _____

   _____

2. _____

   _____

   _____

3. _____

   _____

   _____

4. _____

   _____

   _____

5. _____

   _____

   _____

Gewünschte Veränderung:

1. Schritt: Genaues Betrachten

_____

_____

_____

2. Schritt: Lösungsideen sammeln

_____

_____

_____

3. Schritt: Ziel und Vorgehen festlegen

_____

_____

_____

4. Schritt: Durchführung/Umsetzung
(Aufgabe bis zum nächsten Treffen)

_____

_____

5. Schritt: Überprüfung des Erfolgs
(Ziel erreicht? Wenn nicht oder nicht vollständig: wieder beim
1. Schritt beginnen)

_____

_____

_____

6. Schritt: Wodurch belohnen Sie sich?

_____

_____

_____

Uhrzeit	Montag	Dienstag	Mittwoch	Donnerstag	Freitag	Samstag	Sonntag
6							
7							
8							
9							
10							
11							
12							
13							
14							
15							
16							
17							
18							
19							
20							
21							
22							
Erfolg							

Arbeitsblatt 9 | **Wochenprotokoll**

Uhrzeit	Montag	Dienstag	Mittwoch	Donnerstag	Freitag	Samstag	Sonntag
6							
7							
8							
9							
10							
11							
12							
13							
14							
15							
16							
17							
18							
19							
20							
21							
22							
Erfolg							

Bitte notieren Sie hier, welche Stärken Sie haben, in welchen Situationen Sie sich zurechtfinden und welche Anforderungen Sie meistern. Überlegen Sie hierzu, was Ihnen Spaß macht, was Ihnen leicht fällt und auch, warum das wohl so ist. Sie können und sollten auch dann etwas notieren, wenn Sie noch nicht sicher sind, ob es „richtig" ist.

▶ Am Arbeitsplatz oder in der Ausbildung

_____

_____

_____

▶ In der Familie oder mit Freunden

_____

_____

_____

▶ In der Wohnung

_____

_____

▶ In der Freizeit

_____

_____

_____

© Klingberg, Mayenberger, Blaumann: Schizophren? Beltz PVU, 2005

Ereignis/Belastung	Gefühl	bewertender Gedanke

Ereignis/Belastung	alternativer Gedanke	Gefühl

Negativer Gedanke	Neutraler/positiver Gedanke

Sachwortverzeichnis

Schizophrenie-Rückfällen vorbeugen

S. Klingberg • A. Schaub • B. Conradt
Rezidivprophylaxe bei schizophrenen Störungen
Ein kognitiv-verhaltenstherapeutisches Behandlungsmanual
Materialien für die klinische Praxis
2003, Gebunden. X, 193 S.
Mit CD-ROM
ISBN 3-621-27498-7

Schizophrenie ist eine der schwersten psychischen Störungen. In Deutschland erkranken 800.000 Menschen mindestens einmal im Leben daran. Diese Patienten benötigen im Anschluss an eine akute Krankheitsphase vielfältige Unterstützung: medizinisch, sozial und psychotherapeutisch. Aber sie sind psychotherapeutisch oft unterversorgt, obwohl es wirksame Ansätze gibt!

Mit Hilfe dieses Programmes aus der Kognitiven Verhaltenstherapie können Patienten ihr Verständnis für die Erkrankung vertiefen. Wesentliche Punkte sind:
• die Wahrnehmung und Bewertung von Frühwarnzeichen eines drohenden Rückfalls,
• das Einüben angemessener Handlungen zur Abwendung von Krisen,
• die Identifikation von Belastungsfaktoren und von Möglichkeiten, diese zu reduzieren und die Belastbarkeit zu steigern,
• das Einüben von Bewältigungsstrategien der für die Schizophrenie typischen Symptome,
• die Mitarbeit der Angehörigen, denen Gelegenheit zu entlastenden Gesprächen und einem vertieften Krankheitsverständnis gegeben wird.
Alle nötigen Arbeitsmaterialien sind im Buch abgebildet und können von der CD-ROM zum sofortigen Gebrauch ausgedruckt werden.

Verlagsgruppe Beltz • Postfach 100154 • 69441 Weinheim • www.beltz.de

Mittlerweile in 10 Sprachen übersetzt - in der 5. Auflage vollständig überarbeitet

**V. Roder • H. D. Brenner • N. Kienzle
Integriertes psychologisches
Therapieprogramm bei schizophren
Erkrankten IPT**
5., vollst. überarb. Auflage 2002
Gebunden. XIV, 274 S.
ISBN 3-621-27516-9

Mit dem IPT - dem Integrierten psychologischen Therapieprogramm bei schizophren Erkrankten - sind in den vergangenen 15 Jahren umfangreiche praktische Erfahrungen gewonnen und empirische Ergebnisse erarbeitet worden. Dies ist in die 5. Auflage ebenso eingeflossen wie eine Neugestaltung, die dem Leser den Umgang mit dem Manual erleichtert.

- Der erste Teil gibt einen profunden Überblick zu theoretischem Basiswissen bei Schizophrenie, wie z.B. Diagnostik, Epidemiologie, Erklärungsansätze und aktueller Stand der Therapieforschung.
- Im zweiten Teil wird das Therapieprogramm sehr ausführlich dargestellt. Es beinhaltet z.B. Therapievoraussetzungen, Einsatzmöglichkeiten, die fünf Unterprogramme des IPT, Therapieplanung und Verlaufskontrolle sowie die Anwendung des IPT in der Kinder- und Jugendpsychiatrie.

Ausführliche Materialien zur Durchführung des Therapieprogramms befinden sich im Anhang.

Verlagsgruppe Beltz • Postfach 100154 • 69441 Weinheim • www.beltz.de

Hilfe zur Selbsthilfe – was tun, wenn Gefühle den Alltag beherrschen?

Stavemann
Im Gefühlsdschungel
Emotionale Krisen verstehen und bewältigen

BELTZPVU

Harlich H. Stavemann
Im Gefühlsdschungel
Emotionale Krisen verstehen und
bewältigen
2001. 323 Seiten. Gebunden.
ISBN 3-621-27497-9

Wie beeinflussen typische Denkmuster unsere Gefühle? Was tun, wenn die Gefühle den Alltag beherrschen? Harlich H. Stavemann weist Wege aus dem Gefühlsdschungel!

Für Laien verständlich geschrieben, erklärt Stavemann, wie man sich mit krank machenden Denkmustern und damit einhergehenden Gefühlen den gesamten Alltag „versaut", . . . und wie man dies ändern kann.
Die Leser erfahren, wie emotionale Krisen entstehen und wodurch sie aufrecht erhalten werden. Sie erleben anhand zahlreicher Fallbeispiele, wie unser Denken unsere Gefühle und unser Verhalten bestimmt. Sie erkennen, zu welchen typischen Denkmustern sie selbst neigen und wie sie besser damit umgehen können. Konkrete Übungsaufgaben und Tipps erleichtern die Übertragung gewonnener Einsichten auf eigene Probleme und helfen, Veränderungsziele zu planen und zu erreichen.

Verlagsgruppe Beltz • Postfach 100154 • 69441 Weinheim • www.beltz.de

Biologische Psychologie - ein neues modernes Lehrbuch

Rainer Schandry
Biologische Psychologie
2003. Gebunden. XVIII, 674 S.
ISBN 3-621-27485-5

Die Biologische Psychologie erklärt menschliches Erleben und Verhalten über neurobiologische, physiologische und biochemische Vorgänge. Was alles passiert z.B., wenn wir nach einer Tasse Kaffee fassen? Oder welche Abläufe greifen nicht mehr richtig ineinander, wenn ein Mensch an Parkinson erkrankt?

Mehr und mehr wird psychologisches Wissen durch Ergebnisse der Neurowissenschaften untermauert. In die Erklärungen von psychischen Phänomenen wie Lernen oder Emotionen, wie Schmerz, Stress oder Drogenabhängigkeit fließen immer häufiger auch neurobiologische Befunde mit ein.

Das Lehrbuch von Schandry gibt einen guten Einstieg in dieses faszinierende Gebiet der Psychologie. Inhaltlich an der 2-semestrigen Vorlesung ausgerichtet, bietet es immer wieder auch den Blick über den Zaun, etwa zu neurologisch-psychiatrischen Störungsbildern, und ermöglicht dadurch ein besseres Verständnis komplexer Zusammenhänge. Verständlich und lebendig geschrieben, bietet dieses Lehrbuch überdies

* ein umfangreiches Glossar,
* eine gute didaktische Aufbereitung sowie
* sämtliche Abbildungen in der 2-farbigen Gestaltung

und ist damit auch ideal zur Prüfungsvorbereitung geeignet.

Verlagsgruppe Beltz • Postfach 100154 • 69441 Weinheim • www.beltz.de

Erstes Kursbuch der Kinder- und Jugendpsychotherapie — aktuell und integrativ

In der praktischen Psychotherapie des Kindes- und Jugendalters werden dringend störungsspezifische Differential-diagnosen benötigt, ist eine eher prozess- als streng schulenorientierte Vorgehensweise gefragt. Diesem Anliegen stellt sich das Kursbuch für *integrative* Kinder- und Jugendpsychotherapie, als lebendiges Forum für Zusammenschau und Austausch zwischen den Schulen:

▸ Es macht aktuelle Entwicklungen in einzelnen Psychotherapieformen in vergleichbarer Weise zugänglich.
▸ Es stellt mit kasuistischer Arbeit eine unmittelbare und praxisbezogene Vergleichbarkeit her.
▸ Es bietet unterschiedlichen Denkrichtungen die Möglichkeit zum Austausch.

Resch • Schulte-Markwort (Hrsg.)
Kursbuch für integrative Kinder- und Jugendpsychotherapie
Schwerpunkt: Dissoziation und Trauma
2005. XI, 201 S. Gebunden.
ISBN 3-621-27554-1

Schwerpunktthema dieses Kursbuchs ist **Traumatisierung und Dissoziation,** ein Themenfeld, das besonders das Spannungsfeld zwischen Innen und Außen, zwischen Biologie und Psyche, zwischen verhaltenstherapeutischer und psychodynamischer Sicht beinhaltet. Darüber hinaus bietet der Band aktuelle Entwicklungen in den Therapieschulen und Aspekte der Fortbildung.
Für alle, die – gleich welcher Profession oder therapeutischer Schulrichtung – therapeutisch mit Kindern und Jugendlichen arbeiten, ein Gewinn!

Verlagsgruppe Beltz • Postfach 100154 • 69441 Weinheim • www.beltz.de

Differenziert - anschaulich - faszinierend!

Die Klinische Psychologie gehört zu den schillerndsten Gebieten der Psychologie. Die neue Übersetzung basiert auf der aktuellen 8. amerikanischen Auflage von 2001 und vermittelt einen anschaulichen Überblick über das ganze Spektrum psychischer Störungen: Entstehung, Behandlung und Erforschung.

Das beliebteste amerikanische Lehrbuch - über 1 Million verkaufte Bücher - für Klinische Psychologie zeichnet sich in deutscher Übersetzung aus durch:

- Die sorgfältige Anpassung an deutsche und europäische Verhältnisse (Psychotherapeutengesetz, Internationale Klassifikationssysteme etc.),
- Fokuskästen zu wichtigen Studien (z.B. Berliner Altersstudie) und interessanten Fällen,
- die Integration neuester Forschungsergebnisse,
- die ausführliche Darstellung von psychischen Störungen im Alter,
- die kritische Reflexion der Möglichkeiten und Grenzen verschiedener Forschungs- und Therapieansätze,
- ein eigenes Kapitel zur Psychotherapieforschung,
- die Erörterung ethischer und rechtlicher Rahmenbedingungen psychologischer Interventionen.

Gerald C. Davison • John M. Neale
M. Hautzinger (Hrsg.)
Klinische Psychologie
6., neu übersetzte und vollständig
überarbeitete Auflage 2002
Gebunden. 848 S.
ISBN 3-621-27458-8

Verlagsgruppe Beltz • Postfach 100154 • 69441 Weinheim • www.beltz.de